Der Autor:

Emil Pallay, Jahrgang 1950, war 43 Jahre lang im Polizeidienst tätig, 20 davon beim Spezialeinsatzkommando (SEK) Südbayern. Neben annähernd 1000 Einsätzen zur Bekämpfung schwerer Gewaltkriminalität insbesondere bei Entführungen, Erpressungen, organisierter Kriminalität und Terrorismus, war er an der Bewältigung von über 30 Geiselnahmen beteiligt. Er berät europaweit Spezialeinsatzkommandos, hält Vorträge und Seminare. Emil Pallay lebt in München.

Emil Pallay

ZUGRIFF

WILHELM HEYNE VERLAG
MÜNCHEN

*Meiner verstorbenen lieben Frau Renate gewidmet,
die mir über 40 Jahre lang
besonders nach schwierigen Einsätzen
immer zur Seite stand.*

MIX
Papier aus verantwortungsvollen Quellen
FSC® C014496
FSC
www.fsc.org

Verlagsgruppe Random House FSC-DEU-0100
Das für dieses Buch verwendete
FSC®-zertifizierte Papier *Holmen Book Cream*
liefert Holmen Paper, Hallstavik, Schweden.

2. Auflage
Originalausgabe 01/2013

Redaktion: Ulrike Nikel, München
Umschlaggestaltung: Hauptmann & Kompanie, Zürich
Umschlagfoto: Kay Blaschke, München
Satz: Buch-Werkstatt GmbH, Bad Aibling
Druck und Bindung: GGP Media GmbH, Pößneck
Printed in Germany 2012

ISBN: 978-3-453-60240-3

www.heyne.de

INHALTSVERZEICHNIS

MYTHOS SEK: VOM ALLTAG EINES SPEZIALEINSATZKOMMANDOS

Freitagabend: Krimitime. Im ZDF ermittelt aus München der »Alte« alias Kriminalhauptkommissar Voss. Eine Geiselnahme. Natürlich tritt da, namentlich erwähnt, das berühmte bayerische Spezialeinsatzkommando auf. Bis zu den Zähnen bewaffnet und komplett vermummt mit Sturmhaube springen die Männer aus dem Wagen, stürmen auf das Gebäude zu. Sehr wirkungsvoll, aber eher laut als leise. »Stopp«, sagt der Kommissar und übernimmt die Verhandlungsführung. Mehr Dichtung als Wahrheit, denn einen Zugriff mit einem Kriminalbeamten an vorderster Front gibt es wirklich nur im Kino und im Fernsehen.

Auch die vermummten Supermänner, die da verwegen und geheimnisvoll wie Rambos durchs Bild rennen, entsprechen nicht unbedingt der Realität. Zumindest nicht generell. Tatsache ist vielmehr, dass die meisten Einsätze in ziviler Kleidung durchgeführt werden. Kampfausrüstung und Waffen nimmt man in einer Einsatztasche mit. Schließlich soll sich der Täter ja möglichst lange in Sicherheit wiegen.

Eine gewisse Ausnahme stellen Geiselnahmen dar, bei denen man immer mit einer gewaltsamen Lösung rechnen muss. Trotzdem vermeidet man es auch hier, dass der

Geiselnehmer die schwer bewaffneten Einheiten sieht. Das wäre aus psychologischer Sicht einfach unklug und kontraproduktiv. Allerdings gibt es Gelegenheiten, wo sich eine Vermummung aus Gründen des Selbstschutzes empfiehlt. Etwa bei der Überstellung eines Mafioso oder auch bei gewalttätigen Demonstrationen. Ich kann mich noch an die unruhigen Siebzigerjahre erinnern, als sich Demonstranten und Polizei regelrechte Straßenschlachten lieferten. Damals, ich gebe es zu, wollten wir nicht gerne abgelichtet werden. Schließlich waren wir »Scheißbullen« und Vertreter eines politischen Systems, das bekämpft wurde.

In jener »heißen« Zeit, 1977, habe ich mich als junger Polizist, knapp 30-jährig, dem neu gegründeten Spezialeinsatzkommando Südbayern angeschlossen. Wie kommt man dazu? War es Abenteuerlust? Die Suche nach neuen Herausforderungen? Das Image einer Elitetruppe? Der Stolz, dazugehören zu dürfen? Von allem etwas, denke ich. Eines allerdings spielte keine Rolle: die Lust an purer Action, bei mir nicht und auch nicht bei den meisten der Kollegen. Wer anders tickte, schied bereits in der Vorrunde aus.

»Mit James-Bond-Typen können wir nichts anfangen«, hat mein erster Chef beim SEK einmal gesagt. Natürlich braucht es Mut und auch Wagemut. Übermäßige Angst würde lähmen, aber ein bisschen darf schon sein, damit man sich des Risikos bewusst bleibt. Und den Respekt und das Verantwortungsgefühl nicht verliert. Besonnene Leute also sind gefragt, die beim Einsatz einen kühlen Kopf behalten und um Gottes willen keine Aggressionen abreagieren. Die eigenständig aus der Situation heraus entscheiden können und doch diszipliniert, teamfähig und stressresistent sind. Die körperlichen Voraussetzungen und das richtige Alter, zwischen Mitte zwanzig und Mitte dreißig etwa, verstehen sich von selbst. Zudem einige Jahre Polizeidienst.

Angesichts so vieler scheinbar widersprüchlicher Voraussetzungen kann die hohe Durchfallquote nicht verwundern. Viele träumen von einer Karriere beim SEK, aber nur etwa ein Viertel übersteht die extrem schwierige Prüfung. Der Rest entspricht nicht dem Anforderungsprofil. Ich weiß es von meiner eigenen Bewerbung und bekam es später von einer anderen Warte aus mit. Als langjähriger Kommandoangehöriger in Führungsfunktionen hatte ich nämlich Einblick in das Auswahlverfahren und habe zeitweilig Belastungstests erarbeitet.

Doch auch der Bescheid *Prüfung bestanden, herzlich willkommen beim SEK* war noch lange kein Garant für einen Job auf Dauer. Viele mussten gehen, weil regelmäßige Überprüfungen der körperlichen und mentalen Fitness zu unliebsamen Überraschungen führten. Andere schieden freiwillig aus. Sie fühlten sich einfach dem permanenten Druck nicht gewachsen – meist war es die Psyche, die streikte. Es ist nicht einfach, ständig unter Strom zu stehen, ständig bereit sein zu müssen und nie zu wissen, was der nächste Tag bringt. Nur wer das ausbalancieren kann, hält durch. Und so habe ich in meinen 20 Jahren beim SEK Hunderte kommen und gehen sehen. Allerdings gab es zum Glück auch einige, die wie ich lange blieben und in die Führungsriege aufstiegen.

Keine Frage: Zwar kocht das SEK entgegen seinem geheimnisumwobenen Ruf in vielerlei Hinsicht ebenfalls bloß mit Wasser – vorhersehbar und langweilig war es jedoch nie. Dafür sorgte schon der Nervenkitzel bei jedem neuen Einsatz, die manchmal schier unerträgliche Spannung, die erst im Augenblick des Zugriffs absoluter Ruhe und kühler Überlegung wich. Ich bin oftmals gefragt worden, woran ich gedacht habe, wenn wir zu einem Einsatz ausrückten. Schwer zu sagen. Das hing davon ab, über welche Informationen wir zu diesem Zeitpunkt verfügten. Oft erfuhren wir erst vor Ort, worum es sich handelte. Ob wir es mit einem Profigangster zu tun hatten, einem psychisch Kranken oder einem eifersüchtigen Ehemann oder Lover, der ausgerastet war. Solange wir nichts Näheres wussten, konnten wir uns auch nicht mit den Hintergründen der Tat befassen. Was vielleicht ganz gut war. Unsere Aufgabe bestand schließlich darin, einen Täter dingfest zu machen oder ein Geiseldrama zu beenden. Die Täterpsyche auszuleuchten, das war Sache speziell geschulter Kollegen und Polizeipsychologen, die uns bei den meisten Einsätzen unterstützten. Sie halfen uns, indem sie für unsere Vorbereitungen Zeit herausschlugen, den Täter durch Gespräche hinhielten. Wir waren dankbar für jede Minute, denn ein überstürzter, risikobehafteter Zugriff war nie das Mittel der Wahl.

Bei allen Einsätzen, so unterschiedlich sie sein mochten, gab es nämlich ein unumstößliches Gebot. Absoluten Vorrang hatte der Schutz Unbeteiligter und insbesondere der von Geiseln. Notfalls durch Waffengewalt. Natürlich schoss niemand leichten Herzens auf einen Geiselnehmer, doch die Prioritäten waren eindeutig geklärt. Und das war es auch, was mir zumeist auf der Fahrt zu unseren Einsätzen durch den Kopf ging: Hoffentlich läuft alles unblutig ab, hoffentlich kommt kein Unschuldiger zu Schaden, kein Kollege und ich selbst nicht. Ich dachte an meine Familie, die mich abends zurückerwartete. Was würde meine Frau sagen, meine Kinder, wenn ich nicht käme? Und deshalb begleitete einen stets die Angst, einen Fehler zu machen, der fatale Konsequenzen haben könnte.

Ich weiß, dass es anderen genauso ging. Und damit das so selten wie möglich passierte, dafür sorgte ein ausgeklügeltes Trainingsprogramm. Ausnahmesituationen wurden so oft durchgespielt, bis sie Routine waren und jeder Handgriff saß. Für jede denkbare Einsatzlage gab es taktische Konzepte, und wir lernten es, Rückschlüsse auf das wahrscheinliche Verhalten des Täters zu ziehen. Mit der Zeit hatten wir also eine Menge Tricks auf Lager. Und nicht zuletzt lag das Geheimnis des Zugriffs im grundsätzlichen Wissen um die Gesamtumstände und im Zusammenspiel innerhalb der Gruppe und des ganzen Kommandos. Was ein hohes Maß an Disziplin und Bereitschaft zur Unterordnung voraussetzte und kaum nach dem Geschmack von Möchtegern-James-Bonds gewesen sein dürfte.

Deshalb soll in diesem Buch nicht nur von spektakulären, öffentlichkeitswirksamen Aktionen die Rede sein, sondern auch vom ganz normalen Alltag in einer Elitetruppe, von lebensgefährlichen Situationen ebenso wie von skurrilen Begebenheiten oder vergeblichen Einsätzen, bei denen der Täter uns ein Schnippchen schlug – was leider gelegentlich passierte.

In zwei Jahrzehnten erlebte ich so einiges und nahm an annähernd 1000 Einsätzen an vorderster Front teil. Es handelte sich um Terrordrohungen jeder Art, um Bekämpfung von Schwerst- und Gewaltkriminalität, um Erpressungen und Entführungsfälle – darunter auch ein Flugzeug, das von einem tschetschenischen Rebellen in München zur Landung gezwungen worden war. Und immer wieder um Geiselnahmen, die für mich stets eine besondere Rolle spielten. Bei mehr als 30 war ich im Einsatz, vier Geiselnehmer wurden getötet, einer richtete sich selbst, und fast 70 Opfer konnten wir befreien. Zum Glück musste ich es nie erleben, dass ein Unschuldiger ums Leben kam, weder eine Geisel noch ein Kollege. Die unglücklich verlaufene Geschichte nach einem Bankraub in der Münchner Prinzregentenstraße von 1971 – 18 Menschen wurden als Geiseln genommen, eine junge Angestellte kam bei der anschließenden Schießerei ums Leben – war noch lange tief und schmerzhaft im Bewusstsein der Münchner Polizei verwurzelt. Ebenso natürlich das Desaster von 1972: der gescheiterte Versuch, elf israelische Olympiateilnehmer aus der Hand eines palästinensischen Terrorkommandos zu befreien. Damals starben auf dem Bundeswehrflughafen Fürstenfeldbruck alle Geiseln sowie ein Polizist und fünf Attentäter. Besonders Letzteres machte deutlich, dass normale Polizeikräfte dem damals eskalierenden internationalen Terror fast hilflos gegenüberstanden.

Es war die Geburtsstunde der GSG 9. Erstmals trat sie 1977 auf dem Höhepunkt des »Deutschen Herbstes« in Erscheinung, der in der Ermordung von Arbeitgeberpräsident Hanns Martin Schleyer und der Entführung der Lufthansamaschine *Landshut* gipfelte, und die spektakuläre Befreiung des Flugzeugs im somalischen Mogadischu begründete den legendären Ruf dieser Elitetruppe. Es dauerte nicht mehr lange, und nach ihrem Vorbild entstanden

Spezialeinheiten auf Länderebene, die sich aus gezielt geschulten Polizeibeamten rekrutierten.

Am 1. November 1973 stellten die Polizeipräsidien in München und Nürnberg die Spezialeinsatzkommandos Südbayern und Nordbayern der Öffentlichkeit vor. Zunächst bestand jedes Kommando aus vier Gruppen, bis sieben Jahre später die Präzisionsschützen als eigene Einheit hinzukamen. Sie sind praktisch die Feuerwehr, in ständiger Einsatzbereitschaft, falls eine Situation eskaliert, und deshalb der vermutlich höchsten psychischen Belastung ausgesetzt. Ich habe sämtliche Positionen durchlaufen, vom »Fußsoldaten« bis hinauf in die Führungsebene. Erst Leiter der regulären Zugriffseinheit, dann die letzten zwölf Jahre Chef der Präzisionsschützen und damit zugleich stellvertretender Kommandoführer.

Ich möchte die Jahre beim SEK nicht missen. Es war eine gute und eine schöne Zeit, in der ich viele Menschen kennenlernte, mit denen mich noch heute eine herzliche Freundschaft verbindet und mit denen ich viel Spaß hatte. Trotz unseres weiß Gott nicht einfachen Jobs. Aber die vielen Menschenleben, die wir retten konnten, überwiegen die Schattenseiten. Natürlich gab es auch düstere Momente, in denen man mit sich und seinem Beruf haderte. Etwa wenn wir von der Schusswaffe Gebrauch machen mussten und ein Täter zu Tode kam. Das ist schwer für jeden, ich weiß es aus eigener Erfahrung. Da hilft es nicht unbedingt, dass von diesem Menschen eine Gefahr ausging. So einfach funktioniert das nicht. Im Gegensatz zu vielen anderen hatte ich jedoch das Glück, immer Menschen um mich zu haben, die mich in einer solchen Situation aufrichteten. Vor allem meine Frau half mir, mit solchen Einsätzen physisch und psychisch fertigzuwerden. Heutzutage setzt man fast nur noch auf professionelle Hilfe. Ich finde, dass ein Familiengehöriger, der näher dran ist, die bessere Wahl sein kann.

Oder auch ein Kollege, der das Ganze selbst durchgemacht hat. Deshalb ist es mir vor allem in späteren Zeiten ein Herzensanliegen gewesen, mich um meine jungen Präzisionsschützen zu kümmern. Je nach Mentalität haderten die ganz schön mit sich, wenn sie auftragsgemäß durch gezielten Kopfschuss etwa einen Geiselnehmer außer Gefecht gesetzt hatten. »Finaler Rettungsschuss« nennt man das. Rettung für die Geisel, ja, aber zugleich Tod für den Täter, und das musste verarbeitet werden. Für mich ein Grund mehr, über meine Erfahrungen am Fortbildungsinstitut der Bayerischen Polizei zu referieren, um die jungen Beamten sowie die verantwortlichen Führungskräfte für Ausnahmesituationen besser zu rüsten. Vorträge über Geiselnahmen hielt ich auch vor den Spezialeinheiten anderer Bundesländer, in neun europäischen Staaten und sogar bei unserem Vorbild, der GSG 9. Nicht zuletzt in diesem Umfeld erhielt ich vielfache Anregungen, meine Erlebnisse und Erfahrungen niederzuschreiben.

Und da ist es nun: ein Buch, in dem alle wesentlichen Details stimmen mit Ausnahme der Namen und Orte, die aus Gründen des Persönlichkeitsrechts verändert wurden. Zwei Jahrzehnte eigenen Erlebens und doch keine Reise in die Vergangenheit, denn Fälle wie diese ereignen sich tagtäglich und stellen das SEK immer wieder vor die gleichen Herausforderungen.

In diesem Sinne: »Zugriff!«

»FRAU MEIER« UND DIE RAF

Es gibt Erlebnisse, die man nie vergisst, und dazu zählt für mich ein Einsatz im Mai 1979. Vielleicht auch, weil ich mich damals mit einem ganz anderen Täterkreis als sonst konfrontiert sah. Zwei Jahre gehörte ich mittlerweile dem SEK an und sollte zum ersten Mal an einem Einsatz gegen jene Gruppe teilnehmen, die die Nation das Fürchten gelehrt hatte.

Es war kurz nach sieben Uhr. Wie immer betrat ich die Dienststelle als Erster. Zum einen wohnte ich nur einen knappen Kilometer entfernt, zum anderen stand ich generell früh auf. Ich brauchte nicht allzu viel Schlaf – sechs bis sieben Stunden reichten mir. Frühstück ließ ich ausfallen, denn bei der morgendlichen Lagebesprechung gab es ohnehin Kaffee.

Nach und nach trudelten die Kommandoangehörigen ein, und die Räume in den drei Etagen füllten sich. Bis 7.30 Uhr hatten alle da zu sein. Pünktlichkeit war gerade bei einer Spezialeinheit wichtig – schließlich musste man sich aufeinander verlassen können. Wenn keine Sondereinsätze anstanden, waren überwiegend Aus- und Fortbildungsmaßnahmen angesagt: Sport, Nahkampf, Schießen und taktische Täterbekämpfung.

Die linke terroristische Szene galt nach wie vor als Feindbild Nummer eins, doch die heiße Phase des »Deutschen Herbstes« war vorüber, seit sich die führenden Mitglieder der RAF in ihren Zellen in Stuttgart-Stammheim erhängt hatten. Zunehmend verschwendeten wir also weniger Gedanken an die RAF. Mussten wir auch nicht unbedingt, weil sich deren Aktivitäten weitgehend außerhalb Bayerns abspielten. Als junger Polizeikommissar war ich nicht unglücklich darüber – schließlich war keiner erpicht auf einen solchen Einsatz. Wie kaltblütig die Gruppe agierte, bezeugten die vielen Toten, die auf ihr Konto gingen.

Doch dann holte uns die Realität unerwartet ein. Wir wurden angesetzt auf eine der seinerzeit meistgesuchten RAF-Frauen. Es handelte sich um eine knapp 30-Jährige, die ihre Kindheit in einer südamerikanischen Mennonitenkolonie verbracht hatte und seit Jahren im Verdacht stand, die RAF zu unterstützen. Einem Haftbefehl hatte sie sich durch Flucht entzogen. Jetzt gab es Hinweise, dass sie ein Netzwerk von konspirativen Wohnungen aufbauen und zudem Waffen beschaffen sollte. In Bayern.

Allerdings überstürzten die Ereignisse sich nicht gerade. Wir mussten nicht in Minuten parat stehen und mit quietschenden Reifen, Blaulicht und Martinshorn losfahren. Nein, wir erhielten zunächst bloß einen Anruf, ob wir die Nürnberger Kollegen vom SEK Nordbayern bei einer Observierung ablösen könnten. Solche Hilfegesuche waren gang und gäbe, und auch wir nahmen das des Öfteren in Anspruch.

Die routinemäßige Überwachung, um die es sich handelte, lief bereits seit einer Woche. Ein Banküberfall, der an die Vorgehensweise der RAF erinnerte, hatte die Fahnder des Bundeskriminalamts alarmiert, und Hinweise aus der Bevölkerung führten schließlich zu einem fünfstöckigen Wohnblock in der nordbayerischen Metropole. Ein Unterschlupf für Topterroristen, vermuteten die BKA-Leute. »Meier« stand ganz harmlos auf Klingel- und Türschild sowie auf dem Briefkasten. Die Einsatzleitung der Polizei beschloss abzuwarten. Man wollte das Haus observieren, bis sich möglichst viele RAF-Mitglieder in der Wohnung aufhielten. Und dann: Zugriff. Ein klarer Fall für das SEK, aber eben für die Profis aus Nürnberg.

A und O bei solchen Maßnahmen ist es, selbst alles zu sehen, aber nicht gesehen zu werden. Die Kollegen hatten einen Bauwagen besorgt und unauffällig am Straßenrand abgestellt, organisierten sogar Schilder, die vor einer Baustelle warnten. Eigentlich eine gute Idee, wären da nicht die cleveren Kinder der Siedlung gewesen. Denen fiel nämlich schon nach kurzer Zeit auf, dass ständig Leute im Bauwagen hinter den Gardinen der kleinen Fenster lauerten, aber niemand draußen herumwerkelte. »Die haben uns Kinder immer verscheucht«, erzählte ein Junge später.

Sonst passierte nichts. Keine Spur von irgendwelchen Terroristen. Im Bauwagen Frust und Langeweile pur. Nach einer Woche war die Luft raus. Trotzdem mochten die zuständigen Stellen die Observierung nicht abbrechen. Nur mussten frische Kräfte ran, denn die Nürnberger Gruppe war mit allen Mannen mehrfach durch, und pausenloses Beobachten eines Objekts geht einfach ganz gewaltig an die Substanz. Das hört sich einfacher an, als es ist. Jetzt sollten also die Südbayern anrücken, und genau das wurde uns an jenem Morgen mitgeteilt.

Ich war zu diesem Zeitpunkt Leiter einer der vier Einsatzgruppen. Gemeinsam mit meinem Chef, unserem Kommandoführer, den drei anderen Gruppenführern sowie fünf weiteren Kollegen fuhr ich zur Einsatzbesprechung mit anschließender Ortsbesichtigung. Als Erstes entschieden wir uns gegen den Bauwagen, der eine zu unsichere Basis geworden war. Bekanntermaßen entwickeln von der Polizei gesuchte Personen im Laufe der Zeit eine gewisse Antenne, wenn etwas nicht stimmt, und damit mussten wir rechnen. Wenn es schon die Kinder merkten … Stattdessen ließen wir uns im Haus nieder: eine Dreiergruppe in Frau »Meiers« Apartment im ersten Stock, eine zweite in der Wohnung gegenüber. Dafür brauchten wir allerdings die Zustimmung des Wohnungsinhabers, die wir problemlos bekamen, und den Hausmeister, der uns die »Täterwohnung«, wie es im Kriminalistenjargon heißt, aufsperrte. Keiner erfuhr den wirklichen Grund, und zum Glück bezweifelte auch niemand unsere nebulösen Geschichten von einem Drogenring. Alles lief glatt, und kurz darauf standen wir in einer kleinen Diele mit Garderobe. Links ein etwa 18 Quadratmeter großer Wohnraum mit Kochnische, rechts ein Bad mit Toilette. Das Ganze picobello aufgeräumt, die Vorhänge zugezogen, auf dem Wohnzimmertisch eine Glasschale mit Gummibärchen. Alles ganz bürgerlich – eine Terroristin würde hier niemand vermuten.

Ich blieb mit zwei sturmerprobten Männern meiner Gruppe, Rüdiger und Sven, im Apartment von »Frau Meier« zurück. Wir waren in Zivil, lediglich eine Armbinde wies uns als Polizei aus. Die Kollegen in der Nachbarwohnung sollten die Eingangstür grundsätzlich einen winzigen Spalt geöffnet lassen, um Geräusche aus dem Parterre hören zu können. Sobald jemand das Haus betrat, würden sie leise die Tür schließen, die Beobachtung durch den Spion fortsetzen und uns über Funk alarmieren, damit wir unsere Zugriffspositionen hinter Mauervorsprüngen einnehmen konnten: Rüdiger beim Eingang zum Wohnzimmer, Sven neben der Kochnische und ich im Wohnzimmer selbst. Für den Fall, dass die junge Frau einen Fluchtversuch unternahm, sollte der Zugriff von der Nachbarwohnung aus erfolgen.

Jeder Schritt wurde minutiös festgelegt, und am späten Nachmittag kam die erste Meldung: »Schritte im Treppenhaus.« Elektrisiert sprangen wir vom Sofa auf und stellten uns in Position, die Pistole in der Hand. Die Anspannung war groß, schon hörten wir das Geräusch von Schuhen auf den Stufen. Dann Entwarnung aus der Nachbarwohnung: »Männliche Person mit Aktenkoffer. Geht weiter in Richtung zweites Stockwerk.« Offenbar bloß ein Mieter, der von der Arbeit heimkam. Nicht lange darauf der nächste Fehlalarm. Dieses Mal handelte es sich um eine Frau aus dem dritten Stock, die ihre Einkäufe heimschleppte.

»Das kann ja heiter werden. Vielleicht war die Idee mit der Wohnung doch nicht so gut«, sagte ich, und wie zur Bestätigung wurden erneut Leute im Treppenhaus gemeldet. Es war ein ständiges Kommen und Gehen, und wir sprangen zwischen Sofa und Zugriffsposition hin und her. Erst gegen 20 Uhr zur *Tagesschau*-Zeit wurde es ruhiger. Auch bei uns. Wir saßen bloß da, starrten die Gummibärchen an und erlagen schließlich der Versuchung. Eigentumsdelikt im Terroristenmilieu, aber das war auch der einzig bemerkenswerte Vorfall. Ansonsten zog sich der Abend quälend in die Länge, selbst die Fehlmeldungen blieben aus.

Zunächst jedenfalls. Denn nach Mitternacht rissen uns lärmende Geräusche aus dem Treppenhaus aus unserem Dämmerzustand, vertrieben schlagartig alle Müdigkeit. Jede Abwechslung war uns jetzt recht. Wieder nichts, bloß zwei Nachtschwärmer, die laut die Treppen hochstolperten und in einer Wohnung im dritten Stock verschwanden. Wir dösten weiter vor uns hin, bis um vier die Ablösung kam. Vor uns lagen acht Stunden Pause, bevor wir um zwölf wieder an der Reihe waren. Wir übernachteten in einer kleinen Pension, denn nach Hause zu fahren lohnte sich nicht.

Kaum ausgeschlafen standen wir mittags erneut bereit, betraten einzeln das Haus, um kein Aufsehen zu erregen. Die Kollegen aus der Nachbarwohnung hielten es ebenso. Wieder passierte nichts, und wir spürten, dass wir langsam nicht mehr so recht an einen Erfolg glaubten. Trotzdem puschten wir uns ständig innerlich, um uns mental fit für einen möglichen Zugriff zu halten. Auch das musste geübt und trainiert werden.

Plötzlich läutete es. War es etwa so weit? Ich spürte, wie mein Puls sich beschleunigte, in meinem Kopf überschlugen sich die Gedanken. Bloß keine unbedachte Reaktion bei einer Frau, die vermutlich bis an die Zähne bewaffnet war. Wir verhielten uns ruhig, verharrten sprungbereit auf unseren Positionen. Erneut schrillte die Klingel, und über Funk bekamen wir mit, dass der Türdrücker betätigt wurde. Offenbar war bei mehreren Wohnungen gleichzeitig geläutet worden. Aufgeregt lauschten wir den geflüsterten Durchsagen der observierenden Kollegen. »Ein Mann, dunkle Hose, schwarzes Sakko, kurze blonde Haare, etwa

1,80 Meter groß, schlank, trägt Arbeitsmappe. Vorsicht! Steht jetzt vor der Tür.« Die Spannung wurde unerträglich und die Nervosität ebenfalls. Würde der Fremde mit einem Schlüssel aufsperren und einfach hereinspazieren?

Erneut schrillte die Klingel und dann, hartnäckiger jetzt, ein weiteres Mal. Einen Schlüssel besaß der offenbar nicht. Trotzdem: Man wusste nie. Blitzschnell überlegte ich: Die Situation war optimal für einen Zugriff von gegenüber, schließlich wandte der Mann dem zweiten Team den Rücken zu, war ganz auf unsere Wohnung konzentriert. Den Entschluss zu fassen und den Befehl dazu über Funk zu geben war eins, dann stürmten Ronald, Otto und Tim auch schon auf den Flur und überwältigten in Windeseile den schockierten Mann. Nur handelte es sich nicht um einen Komplizen der Gesuchten. Pech für uns. Der von uns Verdächtigte war bloß ein lästiger Versicherungsvertreter, der auf der Suche nach neuen Kunden die Häuser reihum abklapperte. Wir entschuldigten uns, redeten geheimnisvoll irgendwas von einem Überwachungseinsatz und schickten ihn schleunigst fort. Jedenfalls war sein Auftauchen das einzige Highlight an einem ansonsten ausgesprochen langweiligen Nachmittag, und so waren wir rechtschaffen froh, als wir uns um 20 Uhr verabschieden durften.

Zurück in unserer Pension rief ich meine Frau an, um ihr mitzuteilen, dass sie vermutlich noch ein Weilchen ohne mich auskommen müsse. Damit lag ich allerdings falsch, und zwar gewaltig. Keine zwei Stunden später, kurz vor 22 Uhr – wir saßen gerade vor dem Fernseher –, holte mich die Pensionswirtin ans Telefon. Ein Kollege von der Ablösung war dran. Ich verstand ihn kaum, so aufgeregt wie er war. »Wir haben eine Frau erschossen, die beim

Aufsperren der Wohnungstür eine Waffe zog.« »Bin gleich da«, sagte ich und war schon draußen.

Vor Ort erfuhr ich Näheres. Die Gruppe in der Nachbarwohnung beobachtete gerade eine Frau und gab die Beschreibung an unsere Ablösung weiter. »Zierliche Person, etwa 30 Jahre alt, blonde Haare, Handtasche ...« Weiter kamen sie nicht, denn die Unbekannte steckte einen Schlüssel ins Schloss, drehte ihn zweimal und stand im Flur. »Polizei! Keine Bewegung!«, rief ihr der nächststehende Kollege zu. Woraufhin sie eiskalt und völlig unbeeindruckt aus dem Hosenbund eine großkalibrige Waffe zerrte. Zur Schussabgabe indes kam sie nicht mehr. Von zwei Kugeln getroffen sank sie zu Boden und starb kurze Zeit darauf. Der Notarzt konnte nur noch den Tod von »Frau Meier« feststellen. Unserer Ablösung war gar keine andere Wahl geblieben: ihr Leben oder das der RAF-Sympathisantin.

Angesichts der Brutalität, mit der die Gruppe ihre Opfer liquidierte, konnte kein Zweifel bestehen, dass andernfalls »Frau Meier« geschossen hätte. Das zeigte schon die Munition in ihrer Waffe: Dumdumgeschosse, die im Körper verheerende Zerstörungen verursachen. Dabei hätte ihr keiner der Anwohner so etwas zugetraut. Nachbarn beschrieben sie später als unauffällige Mieterin. Die Tarnung war perfekt, wie so oft bei den Mitgliedern der RAF, die ja zum größten Teil brave Bürgerkinder gewesen waren, bevor sie in die Terrorszene abrutschten. In der Wohnung, so die Erkenntnisse des Bundeskriminalamts, hatten sich tatsächlich viele der noch lebenden Topterroristen aufgehalten. Doch jetzt war sie, wie es im Branchenjargon heißt, »verbrannt«, und eine weitere Observierung erübrigte sich damit.

Im Dienstbetrieb des SEK Südbayern kehrte wieder Normalität ein, wenngleich ein solcher Einsatz unseren Ehrgeiz anstachelte, die eigenen Leistungen und die der Gruppe zu steigern. Wir trainierten weiter für Ernstfälle wie diesen, und auf meine Anregung hin wurde seinerzeit ein spezieller Fünfkampf für das Kommando eingeführt – Vorstufe des noch heute obligatorischen Leistungsnachweises. Wer bei diesem Test nicht die Mindestanforderungen erbringt, muss das SEK verlassen.

Außerdem wurde damals die Idee für zahlreiche Wettkämpfe geboren. Nicht aus purem Spaß, sondern aus der Einsicht heraus, dass die Bedrohung durch international operierende, organisierte Kriminalität grenzübergreifend eine veränderte Taktik der Polizeieinsätze erfordert. Und eine Erhöhung der Schlagkraft. So fand beispielsweise regelmäßig ein Vergleichsschießen zwischen den bayerischen SEKs und den Spezialisten des Landeskriminalamts statt, bei denen ich einmal sogar den ersten Platz im Pistolenschießen belegte. Und dann natürlich der absolute Höhepunkt: der Combat Teams Competition (CTC), die inoffizielle Weltmeisterschaft der Polizeispezialeinheiten. Sie wurde damals im Zweijahresturnus von der GSG 9 ausgerichtet, und die Teilnehmer mussten sich in erdachten Einsatzszenarien beweisen. Als 1983 die Mannschaft des SEK Südbayern vor zwei amerikanischen Teams siegte, durfte ich als Mannschaftsführer stolz den Commander's Cup von Ulrich Wegener, dem »Vater« der GSG 9 und Helden von Mogadischu, entgegennehmen. In seiner Laudatio sagte er unter anderem: »Unser gemeinsamer Auftrag, der Gedanke der Leistung und die menschliche Zusammenarbeit – ohne diese Kriterien kann keine Spezialeinheit existieren.«

Ich prägte mir diese Worte ein und würde mir wünschen, dass es gerade im sensiblen Bereich der Spezialeinsatzkommandos mehr Führungskräfte gäbe, die nach dieser Maxime handeln. Vor allem was die menschliche Zusammenarbeit angeht.

TODESSCHUSS

Ein Montag kurz vor Weihnachten. Alle freuten sich schon auf die Feiertage, denn die letzten Wochen waren sehr turbulent gewesen. Zur Abwechslung mal nicht, was Einsätze betraf. Neben Routinearbeiten und regelmäßigen Übungen war so das Übliche an Besprechungen und Versammlungen zum Jahresende angefallen. Ganz unbeliebt waren bei uns Bilanzen und Statistiken. Vermutlich mögen das die wenigsten, aber für Leute wie uns, die Einsätze und Aktionen als Beruf gewählt haben, war es besonders hart. Jedes Jahr aufs Neue. Und so schauten alle erwartungsvoll auf die Uhr. Bald war Feierabend, dann wollten wir uns gemütlich zusammensetzen. Und auf meinen Geburtstag anstoßen. Nichts Großartiges, nur ein schnelles Bier im Aufenthaltsraum, denn für den Abend stand noch eine Feier mit meiner Familie an.

16 Uhr. Ich nahm einen Anruf mit Glückwünschen entgegen, räumte die Sachen auf dem Schreibtisch zusammen und verließ mein Büro. Auf dem Weg zum Aufenthaltsraum hörte ich das Telefon des Bereitschaftsbeamten läuten. Noch ein Gratulant, dachte ich amüsiert. Von wegen, denn schon hörte ich meinen Namen und »Einsatz!« rufen. Für mich diesmal kein normaler Einsatz, denn in Ab-

wesenheit des Kommandoführers fiel mir als einzig noch anwesendem Gruppenführer die Verantwortung zu. Geburtstag hin oder her.

Nichts wie zurück also an meinen Schreibtisch und ans Telefon, wo mir ein Mitarbeiter der Einsatzzentrale des Münchner Polizeipräsidiums in aller Eile mitteilte, worum es sich handelte: Ein Mann osteuropäischer Abstammung hatte den Gerichtsvollzieher, der ihm eine Einweisungsverfügung in eine psychiatrische Klinik zustellen wollte, nicht in die Wohnung gelassen. Eigentlich kein Riesenproblem und schon gar kein Einsatzgrund für das SEK. Nein, der gewissenhafte Staatsdiener wollte nicht unverrichteter Dinge umkehren und spähte durch den Briefkastenschlitz der Wohnungstür. Was er sah, ließ ihm das Blut in den Adern gefrieren. Drinnen stand ein Riesenkerl, der wild ein gewaltiges Beil herumschwang und unverständliche Worte murmelte oder grunzende Geräusche von sich gab.

»Verlegt sofort eine Gruppe zum Tatort und nehmt Verbindung mit dem zuständigen Polizeichef auf. Übrigens, ich hab gehört, du hast heute Geburtstag. Alles Gute für dich und den Einsatz!« Na ja, das war's dann wohl mal wieder, dachte ich mir. Meine Familie würde ganz schön enttäuscht sein, aber sie war Kummer gewöhnt. Ich wollte anrufen, sobald ich Zeit hatte – vielleicht ließ sich die Sache schnell regeln.

»Leute, es gibt heute kein Bier«, rief ich zum Aufenthaltsraum hinüber. »Einsatz: Ich brauche mindestens drei Mann. Wir rücken sofort ab. Näheres auf der Fahrt.« Norbert, Rainer und Wolfgang stellten sich ohne Zögern gleich zur Verfügung. Sie verschwanden in den Umkleideräumen, um bereits nach wenigen Minuten fix und fertig mit ihren Einsatztaschen bei den Wagen zu erscheinen.

Mit einem VW-Kombi, eigentlich ein Zivilfahrzeug, ging es mit Blaulicht und Martinshorn, mit quietschenden Reifen und überhöhter Geschwindigkeit in den Münchner Norden. 15 Minuten später kamen wir am Tatort an. Trotz Berufsverkehr und Weihnachtsgedränge. Die Zeit hatte gerade gereicht, meinen Partnern den Sachverhalt zu erklären. In der Straße standen bereits mehrere Polizeifahrzeuge. Der Einsatzleiter, während der Aktion als Polizeiführer tituliert, war ebenfalls eingetroffen. Er begrüßte mich flüchtig, schilderte nochmals die Situation und stellte mir den sichtlich aufgeregten Gerichtsvollzieher vor.

Dann ging's los. Leise näherten wir, Norbert, Rainer, Wolfgang und ich, uns der Wohnung im Parterre eines dreistöckigen Wohnblocks. Uns folgten der Einsatzleiter und ein Polizeipsychologe. Der Gerichtsvollzieher zeigte uns die massive Holztür, und ich schlich mich seitlich heran, hob vorsichtig die Aluminiumklappe hoch und spähte hinein. Wie eine Stunde zuvor der Gerichtsvollzieher bekam ich einen Mordsschrecken. Das war eindeutig mehr als erwartet. Und bedrohlicher. Jedenfalls hatte der Gerichtsvollzieher nicht übertrieben. Ein Zweimetermann mit einem Gewicht von sicher 150 Kilo fuchtelte in unmittelbarer Nähe zur Tür mit einem Beil herum. Als er meine Augen im Briefkastenschlitz bemerkte, riss er das scharf geschliffene, mörderische Werkzeug hoch und deutete einen Hieb gegen die Wohnungstür an. Ich wich zurück und sprang seitlich in Deckung. »Was ist passiert?«, flüsterte Rainer mir zu. Ich gab ihm und den beiden anderen zu verstehen, mir leise zu folgen, und schilderte ihnen in sicherer Entfernung die Situation.

Was sollten wir tun? Wir waren ratlos, und auch der Psychologe hatte keine Lösung parat. Durch den Gerichtsvollzieher wussten wir lediglich, dass der Mann auf seinen Versuch, mit ihm zu reden, ausgesprochen aggressiv reagiert hatte. Gemeinsam beratschlagten wir unser Vorgehen und diskutierten die unterschiedlichsten Optionen und Fragen. War es vielleicht besser abzuwarten, bevor man weitere polizeiliche Maßnahmen anordnete, sprich die Wohnung gewaltsam öffnete? Und wie könnte es sonst weitergehen? Unter welchen Bedingungen war ein Zugriff überhaupt möglich? Wie hoch musste das Risiko für unsere Beamten beim Erstürmen der Wohnung eingeschätzt werden?

Inzwischen war von drinnen kein Laut mehr zu vernehmen. Ich gab Wolfgang ein Zeichen, durch den Briefkastenschlitz erneut die Lage zu sondieren. Nahezu geräuschlos schlich er sich zur Tür, hob leise die Klappe hoch und riskierte einen Blick. »Nichts! Es ist nichts mehr zu sehen«, meldete er uns.

Während wir zu diesem Zeitpunkt eher zum Abwarten neigten, kam plötzlich eine alte Frau schwerfällig die Treppen vom ersten Stock herunter. Ihr Gesicht drückte Verzweiflung aus, leise weinend wandte sie sich flehentlich an uns: »Mein Sohn ist schwer krank. Er hat schon einmal versucht, sich das Leben zu nehmen und sich die Pulsadern aufgeschnitten. Damals wurde er gerade noch rechtzeitig gerettet. Ihr müsst was tun! Wenn es so ruhig ist da drinnen, dann hab ich Angst, er probiert es wieder. Bitte helft ihm, er ist doch krank.«

Jetzt standen wir unter Handlungszwang. Anscheinend hatten wir es mit einem Mann zu tun, der in erster Linie sich selbst gefährdete. So legten wir zumindest die Worte der Mutter aus. Da gab es kein langes Überlegen, kein Zögern – ein schnelles Eingreifen war gefragt, um das Leben des psychisch Kranken nicht zu gefährden. Nachdem auch Einsatzleiter und Polizeipsychologe einer Öffnung der Wohnung zugestimmt hatten und vorsorglich ein Notarzt angefordert worden war, verteilte ich schnell die Aufgaben für den Zugriff. Viele waren wir ja ohnehin nicht, denn Verstärkung war bislang nicht eingetroffen.

Obwohl wir nach den Auskünften der Mutter nicht mit einer Gefährdung für andere rechneten, gingen wir mit der üblichen Umsicht vor. Norbert und Rainer sollten in die Wohnung eindringen. Wolfgang würde den Flur ausleuchten, falls es drinnen zu dunkel war, und ich übernahm die Sicherung, war somit der Einzige mit gezogener Waffe. Große Absprachen waren nicht erforderlich. Die ständigen Übungen sorgten dafür, dass wir bestens aufeinander eingespielt waren und jeder wusste, was er zu tun hatte. Zudem pressierte es gewaltig, da schien ohnehin jedes Wort zu viel. Ich sah gerade noch, wie ein uniformierter Polizist die alte Frau nach oben in ihre Wohnung führte, als Norbert und Rainer schon eine schwere Stahlramme gegen die Tür donnerten. Dann sprang sie auf, wurde aus der Verriegelung gerissen und hing nur noch lose in den Angeln.

Der Weg war frei, doch keine Spur von unserem Zweimetermann. Nun gut, dachte ich mir, schließlich hatten wir ihn zuvor durch den Briefkastenschlitz schon nicht mehr sehen können. Er musste also in einem der angrenzenden Zimmer sein. Vorsichtig pirschten wir uns durch den rechteckigen, etwa vier Quadratmeter großen Flur, von dem zwei Türen abgingen. Wir konzentrierten uns auf die linke, die – wie wir von der Mutter wussten – ins Schlafzimmer führte. Vermutlich war er dort. Während Norbert und Rainer sich für den Zugriff seitlich der Tür aufstellten, ging ich direkt gegenüber in einer Ecke des Flurs in Position, um die beiden zu sichern. Wer konnte schon wissen, was einem Verrückten, der innerlich Amok lief, einfallen mochte?

Dann lief alles blitzschnell ab. Rainer drückte die Türklinke nach unten, stieß mit dem Fuß die Tür auf, und da stand er plötzlich, mit dem Beil in den erhobenen Händen, direkt im Eingang zum Flur und damit unmittelbar vor uns. Kein Zweifel, dass er zum Schlag ausholen würde. Rainer und Norbert konnten gerade noch seitlich ausweichen. Ich hingegen saß in der Falle, kniete mit gezogener Pistole fast unmittelbar vor ihm wie vor einem Henker. Ein Entkommen gab es nicht. Vor mir der Mann mit dem Beil, ich eingezwängt und ohne großen Bewegungsspielraum in meiner Ecke. Ich stand im wahrsten Sinne des Wortes mit dem Rücken zur Wand – nur dass ich nicht stand, sondern kniete. Ein Dilemma. Bis ich mich erhoben hätte, um wegzulaufen, blieb dem Mann jede Menge Zeit zum Zuschlagen. Da wir bei diesem Einsatz einen Helm nicht für nötig gehalten hatten, bot mein Kopf tief unter ihm eine geradezu perfekte Zielscheibe.

Warum gerade ich? Warum heute an meinem Geburtstag? Warum sollte ich ausgerechnet an diesem Tag sterben? Gedanken zuckten durch meinen Kopf, über mir das verzerrte Gesicht des Mannes, sein irrer Blick, das blitzende Beil. Ich zielte auf seine Beine und drückte ab. Ein Ruck lief durch den schweren Körper, dann ein kurzes Zucken, bevor er erneut mit dem Beil in Richtung meines Kopfes ausholte.

Es ging um Leben und Tod, für uns beide. Er oder ich. Bevor er zuschlagen konnte, schoss ich erneut, richtete die Waffe auf seinen Bauch, doch auch dieser Treffer setzte den Riesen nicht außer Gefecht. Da Rainer und Norbert weiterhin seitlich des Türstocks kauerten, blieb ich auf mich allein gestellt. Ich hörte ein Grunzen, sah, wie die Arme sich anspannten, um wieder mit dem Beil auszuholen. Ich zielte erneut auf den Mann, jetzt auf seine Brust. Trotzdem warf er noch, während er bereits zusammensackte, das Beil in meine Richtung. Um ein Haar verfehlte es Norbert und schlug schließlich in den eisernen Türrahmen ein, wo es Funken sprühend zu Boden fiel. Der Riese lag am Boden und atmete schwer. Die Einschüsse waren nicht erkennbar, es floss kein Blut, zumindest nicht sichtbar. Trotzdem hatte der letzte Schuss, wie sich später herausstellte, das Herz zerfetzt. Der herbeieilende Notarzt stellte kurz darauf seinen Tod fest.

Ich war schockiert und begriff nicht wirklich, was da soeben passiert war. Was hatte sich eigentlich abgespielt? Nur vage waren mir die Schüsse in Erinnerung, sonst nichts. Ich wusste auch nicht, ob ich Angst empfunden hatte. Irgendwie lief alles routinemäßig, ja automatisch ab. Ich lebte, hatte jedoch auf einen anderen geschossen – mit fatalen Folgen. Immerhin war es das erste Mal, dass ich den Tod eines Menschen verursachte. Zwar gewöhnt man sich nie daran, selbst in Jahrzehnten nicht, aber beim ersten Mal ist es sicher am schlimmsten.

Hinzu kam, dass der Mann kein Krimineller im eigentlichen Sinne war, sondern ein psychisch Kranker, den wir vor sich selbst retten wollten. Und nun das! Ich fühlte mich schlecht, machte mir Vorwürfe und begann zu grübeln, was ich hätte anders und besser machen können. Vermutlich nichts, erkannte ich, als ich wieder klarer zu denken vermochte. In dieser Situation ging es nur um die Alternative er oder ich. Ich dachte an meine Familie, für die ich schließlich verantwortlich war. Was würde meine Frau gesagt haben, die Kinder? Bestimmt wäre ich in ihren Augen kein Held gewesen, wenn ich mir von einem Verrückten den Schädel hätte spalten lassen. Außerdem, rief ich mir ins Gedächtnis, war ich während des Einsatzes auch für die Sicherheit meiner Kollegen verantwortlich, musste sie bei Bedrohung schützen. Trotzdem: Ein unbehagliches Gefühl bleibt immer. Man löscht nicht so einfach ein Menschenleben aus. Ich drückte dem Einsatzleiter meine Pistole in die Hand. »Was soll ich damit?«, fragte er und wollte sie gar nicht in Empfang nehmen. »Vorschrift«, antwortete ich und wandte mich ab.

Mir fiel die alte Frau ein, die Mutter des Getöteten. Wer kümmerte sich um sie? Offensichtlich niemand. Ich stieg die Treppe hinauf und klopfte an der Tür. Ängstlich ließ sie mich herein, sie ahnte wohl Böses, hatte vielleicht die Schüsse gehört. Schonend versuchte ich ihr beizubringen, was sich zugetragen hatte. Wie sollte ich ihr sagen, dass ihr Sohn tot war? Mein Hals war wie zugeschnürt, und ich musste mit aufsteigenden Tränen kämpfen. Dann atmete ich kräftig durch und überbrachte ihr mit gepresster Stimme die traurige Nachricht. Dass ich der Schütze war, das verschwieg ich. Ich hätte sie gerne getröstet, aber ist das möglich bei einer Mutter, die soeben ihren Sohn verloren hat? Schweigend und deprimiert verließ ich die Wohnung.

Auf der Dienststelle angekommen bestätigten Vorgesetzte, Psychologe und Staatsanwalt, dass mein Vorgehen völlig korrekt gewesen sei. Trotzdem würde mich die Geschichte noch lange beschäftigen – und durch das relativ große Medieninteresse auch verfolgen. Natürlich wurde der Fall dort nicht nur zu meinen Gunsten diskutiert. Er sei ein so lieber Mann gewesen, konnte man lesen. Aber es kam auch heraus, dass er unter immer wiederkehrenden schizophrenen Schüben litt und dann gewalttätig wurde. Sogar gegen seine Mutter, die deshalb seine erneute Unterbringung in der Psychiatrie beantragt und damit das Unglück ins Rollen gebracht hatte. Es war jedenfalls eine schlimme Erfahrung und ein Geburtstag, den ich nie im Leben vergessen werde.

RIFIFI IN TRUDERING

Zu den denkwürdigsten Erlebnissen meiner Zeit beim SEK gehörte zweifellos ein Coup, der 1981 im beschaulichen Münchner Stadtteil Trudering stattfand. Denkwürdig in vielerlei Hinsicht. Wir sollten eine Bande dingfest machen, die schon lange ihr Unwesen trieb. Taten wir am Ende auch, aber eben mit allerlei Komplikationen. Was uns im Nachhinein neben viel Lob manchen Tadel eintrug. Jedenfalls stellte dieser Einsatz sicherlich eine der härtesten Bewährungsproben und eine der spektakulärsten Aktionen dar. Im Gegensatz zu den meisten Zugriffen, die aus der Situation heraus im Hauruckverfahren erfolgen müssen, war dieser hier von langer Hand geplant.

Ich war inzwischen seit vier Jahren bei der Truppe, leitete als junger Polizeioberkommissar eine der vier Gruppen mit je zehn Mann und konnte bereits auf zahlreiche ebenso schwierige wie erfolgreiche Einsätze zurückblicken. Was natürlich alle Gruppenführer von sich behaupteten und deshalb sich und die eigenen Leute für die beste Mannschaft hielten. Bei aller Kameradschaft und allem Teamgeist gab es dieses Konkurrenzdenken, und solange es sich nicht ins Negative kehrte, beflügelte es die Leistungen.

Deshalb waren wir schwer enttäuscht, als wir bei diesem Fall nicht erste Wahl waren, sondern einer anderen Gruppe den Vortritt lassen mussten. Das Raubdezernat hatte um Unterstützung für den geplanten Schlag gegen eine mehrköpfige Bande nachgesucht, die bereits seit längerer Zeit überwacht wurde. Keine Bande im Sinne einer vergleichsweise harmlosen Gruppierung von auf Abwege geratenen Jugendlichen, sondern eine richtige kriminelle Vereinigung. Mittlerweile wurde ihnen eine ganze Reihe von Straftaten, zumeist räuberische Überfälle, zur Last gelegt. Überregional. Nur hatte man ihnen bislang nie etwas nachweisen können. Zumindest nicht genug, um sie zu überführen.

Dann wendete sich das Blatt. Das zuständige Fachkommissariat erhielt von mehreren Informanten konkrete Hinweise auf einen weiteren Raubzug, dessen Ziel eine Bank im Hunsrück sein sollte, die bereits vor einem Monat überfallen worden war und in kriminellen Kreisen offenbar als leichte Beute galt. Damals nämlich konnten die Täter mit ihrer Beute unerkannt entkommen.

Diesen geplanten Überfall nun sollten wir verhindern. Nicht etwa im Hunsrück, sondern in München. Denn auch diese Information war dem Raubdezernat zugetragen worden: dass sich die fünf Bandenmitglieder im Stadtteil Trudering bei ihrem Rädelsführer treffen wollten, um am Abend gemeinsam schwer bewaffnet in Richtung Rheinland-Pfalz aufzubrechen.

Im Polizeipräsidium liefen die Einsatzvorbereitungen auf Hochtouren. Nach längeren Diskussionen entschloss man sich, der Bande bei der Abfahrt das Handwerk zu legen. »Der Zugriff muss noch in München erfolgen«, so die Vorgabe des für den Gesamteinsatz zuständigen Polizeiführers. Vorausgesetzt, dass dadurch kein Unbeteiligter gefährdet wurde. Leicht gesagt, dachte ich mir, denn in Wirklichkeit implizierte diese Order einen hoch komplizierten Einsatz, zumindest was das SEK anging.

Warum? Wenn Unbeteiligte unter keinen Umständen gefährdet werden durften, verbot sich ein Zugriff in der Wohnung. Man konnte schließlich nicht wissen, ob sich auch andere Personen dort aufhielten. Hinzu kam, dass man es mit sechs schwer bewaffneten Männern zu tun haben würde. Widerstand war also vorauszusehen. Im Klartext bedeutete das: Der Zugriff würde aller Voraussicht nach »in der Bewegung« stattfinden, also nachdem sich die Bande in Richtung Norden auf den Weg gemacht hatte und die Verkehrssituation einen Zugriff ohne Gefährdung anderer Autofahrer und Passanten zuließ. Eine heikle Geschichte.

Unser damaliger Kommandoführer erläuterte uns bei seiner Rückkehr von der großen Einsatzbesprechung das Strategiekonzept. Die Wohnung in Trudering wurde bereits seit den Vormittagsstunden von Kräften des Mobilen Einsatzkommandos (MEK) überwacht, das für solche Observierungen zuständig ist. Neue Erkenntnisse gab es nicht, wohl aber die Bestätigung, dass wir die Bande wirklich im Auto stellen sollten. Auf Münchner Stadtgebiet. Damit sie nicht entwischten, wurden vorsorglich Straßensperren auf den Autobahnzubringern nach Nürnberg und Stuttgart vorbereitet. »Und nun zur Einteilung der Kräfte«, beendete unser Chef seine Instruktionen.

Zwei Gruppen postierten sich an den Autobahnzufahrten, eine übernahm den Zugriff – ebenjene, die von vornherein für die Aktion abgestellt worden war – und die vierte hielt sich zur Unterstützung und Absicherung bereit. Meine Leute und ich. Dass es keine einfache Sache würde, ahnten wir alle, doch niemand von uns hätte sich vorzustellen vermocht, was da auf uns zukam.

Wir fuhren also zum Einsatzgebiet in der Nähe der Wohnung, wo sich die Bande treffen wollte. Natürlich waren wir, um möglichst wenig Aufsehen zu erregen, ganz normal gekleidet, jeder trug seine privaten Klamotten, die Schutzweste gut versteckt unter Pullovern oder Jacken. Da wir zudem zivile Pkws und Kombis benutzten, waren wir als Polizisten nicht erkennbar. Um Anwohner in dieser relativ ruhigen Wohngegend erst gar nicht auf uns aufmerksam zu machen, änderten wir unregelmäßig unsere Positionen, und genauso hielt es die andere Gruppe. So unauffällig wie möglich, lautete die Devise.

Das Warten begann. Über Stunden gab es keine neuen Informationen. In einer solchen Situation bestand die Gefahr, dass sich allzu schnell ein Gefühl von Routine breitmachte und die Konzentration nachließ. Trotzdem glaubten wir weiter daran, dass das Ganoventreffen stattfinden würde, denn die Hinweise stammten aus einer sicheren Quelle. Und wirklich schreckte uns am späten Nachmittag ein Funkspruch des Mobilen Einsatzkommandos auf, das großräumig das Gebiet observierte: »Zwei Verdächtige, wahrscheinlich der 22-jährige Hans Z. und der 25-jährige Bert S., betreten mit großen Taschen die Wohnung von Wilhelm P.« Die Bandenmitglieder waren beim Raubdezernat bestens bekannt. Besonders Wilhelm P., der etwa 50-jährige Hintermann, der die Diebestouren seiner jungen Spießgesellen koordinierte. Jetzt fehlten noch drei. Als kurz darauf das Eintreffen des 20-jährigen Anton B. gemeldet wurde, stieg die Spannung. »Also doch«, sagte ich zu meinen Leuten. »Da tut sich definitiv was.« Es dauerte nicht lange, und Frank G., ein 21-jähriger Franzose, fuhr mit seinem Peugeot vor, während der 19-jährige Richard E. erst eintraf, als es bereits dämmerte. Wie die anderen schleppte auch er eine große Tasche ins Haus.

Wir waren vorbereitet, fieberten dem Aufbruch der Bande und damit unserem Einsatz entgegen. Aber erneut verrannen die Minuten, ohne dass sich etwas rührte. Selbst am Funkgerät herrschte Totenstille – keine Meldung über Täterbewegungen, keine neuen Erkenntnisse, nichts. Lediglich unser Kommandoführer fragte einmal bei allen Gruppen nach, ob die Funkverbindung noch stünde. Offensichtlich fand er die Geschichte ebenfalls irgendwie verdächtig, doch es war die Ruhe vor dem Sturm.

Plötzlich meldete das MEK, dass zwei Bandenmitglieder das Haus verließen. Es ging los. Das waren die Momente, in denen alle den Adrenalinausstoß spürten, den Nervenkitzel und auch die Gefahr. Dann die Entwarnung: Statt ihr Auto startklar zu machen, gingen die beiden Ganoven in die nahe gelegene Gaststätte. Vermutlich um sich mit Reiseproviant einzudecken. Nicht weiter aufregend also. Nur hatten drei Männer der Zugriffsgruppe die gleiche Idee. Bei uns war es nämlich eine Standardregel, dass eine hungrige Einheit nur die Hälfte wert sei, und deshalb sorgten wir immer für reichlich Verpflegung. Wir hatten unsere gleich mitgebracht. Die Kollegen hatten das wohl versäumt, und dadurch war eine fatale Situation entstanden.

Sobald ich diese Mitteilung über Funk erhielt, setzte ich vorsichtshalber sofort einige meiner Männer in Marsch und schickte ein Stoßgebet zum Himmel. Hoffentlich ging das gut! Wir hatten Glück, denn es dauerte nicht lange, und alle kamen friedlich mit ihren Tüten aus der Wirtschaft zurück: erst die drei vom SEK, dann die zwei Bandenmitglieder, die jetzt mit schnellen Schritten zur Wohnung eilten. Ich atmete einmal kräftig durch, weil nichts passiert war. Wir erfuhren später, dass die drei Kollegen bereits in dem Gasthaus über Funk gewarnt worden waren, wer ihnen bald Gesellschaft leisten würde. Sie behielten die Nerven und benahmen sich völlig unauffällig, wie man das eben von Profis erwartet. Und zum Glück bemerkten die Gangster Schutzweste und Bewaffnung unter den dicken Parkas nicht.

Wieder warteten wir auf ein Zeichen, dass die Aktion begann. Inzwischen herrschte Dunkelheit, nur die Laternen leuchteten spärlich die Straßen der Wohnsiedlung aus. Irgendwann würde sich die Bande in Bewegung setzen, aber wann? Ich suchte meinen Gruppenführerkollegen auf und fragte ihn nach den Ergebnissen des Fahrtrainings mit dem gepanzerten BMW. Er machte kein erfreutes Gesicht. »Nicht einfach zu steuern, sehr träge in den Kurven, keine optimale Sicht«, meinte er. »Ich habe meinen besten Fahrer eingeteilt. Der hat schon einige Fahr- und Schleuderkurse auf dem Buckel und wird das schon meistern.« Gute Fahrer waren wichtig, das wusste ich aus eigener Erfahrung. Nachdem wir diesmal nur für Sicherungs- und Unterstützungsaufgaben eingeteilt waren, würde allerdings heute niemand von meinen Leuten seine Fahrkünste bei einer Verfolgungsjagd unter Beweis stellen müssen.

Das gepanzerte Fahrzeug, eine Leihgabe der Dienststelle »Personenschutz«, sollte nämlich den Wagen der Bande bei sich bietender Gelegenheit abdrängen, damit die in einem anderen Auto folgenden Spezialisten den Zugriff starten konnten. Das SEK übte zwar regelmäßig das Anhalten von Täterfahrzeugen in voller Fahrt, hatte mit gepanzerten Wagen aber kaum Erfahrung. Deshalb nutzte der designierte Fahrer noch am Nachmittag die Zeit, sich an das mehrere Tonnen schwere Fahrzeug zu gewöhnen. Jetzt konnte man bloß hoffen, dass es reichte.

Während ich im leise gestellten Radio die 20-Uhr-Nachrichten verfolgte, kam der langersehnte Funkspruch der Observationskräfte: »Die Bandenmitglieder beladen den blauen Peugeot mit schweren Taschen. Mindestens zwei Gewehre wurden im Fahrzeuginnenraum verstaut.« Jetzt war höchste Konzentration angesagt. Unsere mobile Befehlsstelle, die zwischen dem Autobahnzubringer nach Nürnberg und dem Ortsteil Trudering pendelte, informierte die Kollegen an den Autobahnen, die wegen der großen Entfernung den internen Funk nicht hören konnten, gab uns ein letztes »Viel Glück!« mit auf den Weg, und dann herrschte Schweigen.

Unsere Nerven waren bis aufs Äußerste gespannt. Eine weitere halbe Stunde mussten wir nämlich untätig ausharren, bis endlich das MEK meldete: »Die Abfahrt steht unmittelbar bevor! Vorne im Wagen sitzen zwei und hinten drei Männer.« Also fünf, der Rädelsführer war nicht mit von der Partie. Er schien tatsächlich nur im Hintergrund die Fäden zu ziehen.

Meine Gruppe war auf zwei Fahrzeuge mit jeweils vier Mann verteilt. Ich saß im ersten auf dem Beifahrersitz und legte meine geladene und entsicherte Maschinenpistole auf den Schoß. Wir standen etwas abseits an einer Einmündung zu einer langen, breiten Straße in die Innenstadt, und ich beobachtete durch mein Fernglas aus einer Entfernung von etwa 300 Metern den Peugeot, der jetzt in Richtung Stadtmitte abbog. In sicherem Abstand folgte ein ziviles MEK-Fahrzeug.

Kurz darauf fuhr auch die Zugriffsgruppe in die Hauptstraße ein; vorneweg der gepanzerte BMW. »Los, wir müssen dranbleiben!«, rief ich. Mein Fahrer beschleunigte, und wir schafften es, genau den richtigen Abstand zu finden, nicht zu dicht auf und nicht zu weit weg. Optimal bisher! Ich muss gestehen, dass ich recht nervös war, doch das hatten Einsätze so an sich. Genauso selbstverständlich, wie es kam, ging es auch vorüber. Man musste sich so intensiv auf die Aufgabe konzentrieren, dass für Grübeleien einfach keine Zeit blieb. Auch jetzt bewahrheitete sich das wieder, denn schon kam der Befehl des vor mir fahrenden Gruppenführers: »Zugriff! Zugriff!«

Wie immer in solchen Fällen musste es ganz schnell gehen. Das MEK-Fahrzeug scherte nach links weg und gab den Weg frei für den gepanzerten Wagen, der nun zum Überholen ansetzte. Trotz der Bedenken nach dem Probefahren machte der Fahrer seine Sache richtig gut. Millimetergenau lenkte er die schwere Limousine an den Peugeot heran, ging quasi auf Tuchfühlung, rammte ihn aber vorerst nicht. Noch versuchte man es im Guten, denn der Beifahrer winkte mit der beleuchteten Polizeikelle zum Fenster hinaus. Das Zeichen zum Anhalten.

Doch sie hatten die Rechnung ohne die Gangster gemacht. Die durchschauten das Manöver, der Fahrer gab Vollgas, um Abstand zwischen sich und seine Verfolger zu bringen. Keine Chance. Der erheblich leistungsstärkere BMW schob sich erneut neben den Peugeot, wir hörten das durchdringende, schrille Geräusch aneinanderschrammenden Blechs, und dann war der blaue Wagen auch schon von der Straße auf den Grünstreifen abgedrängt, kam direkt vor einem Baum zum Stehen. Gleichzeitig blockierte von hinten das zweite Zugriffsfahrzeug den Weg zurück. Ende der Flucht.

Binnen weniger Sekunden war ich mit meinem Wagen ebenfalls vor Ort und stand parallel zu dem Peugeot. »Raus, wir sichern!«, wies ich meine Männer an. Schnell die Helme aufgesetzt und dann nach draußen. Gleichzeitig ertönten die lautstarken Befehle der Kollegen vom Zugriff: »Polizei! Alle aussteigen! Hände hoch und keine Bewegung!« Der Fahrer des Peugeot hielt immer noch das Lenkrad umklammert, sein Beifahrer öffnete die Tür und ließ sich hinausfallen, die drei hinteren Insassen krochen unendlich langsam nach rechts aus dem Wagen.

Nach wie vor erklangen die Aufforderungen, auszusteigen und die Hände hochzunehmen. Auch ich beteiligte mich jetzt daran, war Teil des fast instinktiv um den Peugeot gebildeten Halbkreises. Immer wieder legten die verhinderten Bankräuber an der rechten Fahrzeugseite ihre Hände zittrig am Autodach ab, rissen aber, von den Schreien der SEK-Leute eingeschüchtert, schnell wieder ihre Arme nach oben. Diese Spielchen dauerten nur wenige Sekunden, kamen mir aber wie eine Ewigkeit vor. Trotzdem hatte ich das Gefühl, dass die Situation unter Kontrolle war. Bis plötzlich der andere Gruppenführer einen warnenden Schrei ausstieß.

»Da hat einer was fallen lassen«, rief er, und beinahe im gleichen Moment explodierte ein Sprengkörper. Wir wussten nicht, wo er gezündet worden war und welchen Schaden er angerichtet hatte. Auf der Stelle entwickelte sich eine tumultartige Szene mit einer wilden Schießerei.

Auf die nicht identifizierbare Explosion hin eröffneten, wie sich später herausstellte, zehn Einsatzkräfte das Feuer auf die jungen Verbrecher. Zwei von ihnen sackten zusammen, einer versuchte in das angrenzende Gebüsch zu robben, der Fahrer wurde aus dem Fahrzeug gerissen, und der Fünfte konnte festgenommen werden. Letztendlich überwältigte die Zugriffsgruppe mit Unterstützung meiner Leute drei Mitglieder der Bande, während die anderen am Boden lagen und keine Anstalten machten, wieder aufzustehen.

Dann plötzlich ein Schrei: »Notarzt! Notarzt! Ein Kollege ist schwer verletzt.« Der andere Gruppenführer. Er war von einer Kugel getroffen worden, atmete schwer und spuckte Blut. Kameraden nahmen ihm den Helm ab und lockerten seine Oberbekleidung. Dann war auch schon der den Einsatz begleitende Polizeiarzt zur Stelle, versorgte und begleitete ihn auf dem Transport in ein nahe gelegenes Krankenhaus, wo man einen Lungensteckschuss diagnostizierte und sofort operierte.

Derweilen kümmerten sich andere Beamte um die beiden niedergeschossenen Täter, die ebenfalls um ihr Leben kämpften. Weil sie ihre Hände immer wieder in Richtung Bauch bewegten, befürchteten wir schon, sie könnten Sprengstoff am Körper tragen und zu zünden versuchen. Was sich jedoch als unzutreffend erwies. Die beiden litten vermutlich unter entsetzlichen Schmerzen infolge ihrer Bauch- und Brustschüsse und starben noch auf dem Weg in die Klinik.

Was sich in diesen wenigen Minuten wirklich ereignete, blieb nebulös, bis die Einsatzleitung vor Ort auftauchte und das Chaos begutachtete. Erst jetzt erkannten wir auch, welches Glück wir gehabt hatten. Die Explosion war von einer Handgranate ausgegangen, die vorzeitig an der Innenseite des linken Hinterrads detoniert war und ein Loch in den Fahrzeugboden gerissen hatte. Eigentlich sollte sie in unserer Mitte hochgehen. Bei der Durchsuchung des Peugeot fanden wir Gewehre, Handgranaten, Revolver, ein Schrotgewehr, Tränengassprays und mehrere Taschen voller Munition. Ferner eine Maschinenpistole, die offenbar einen Treffer abbekommen hatte, denn die Spiralfeder war samt Munition aus dem Magazin herausgesprungen. Es herrschte ein unvorstellbares Durcheinander, wie ich es selten bei einem Einsatz erlebt habe.

Zwei Tote, ein Schwerverletzter und zwei Männer mit nicht ganz so dramatischen Verwundungen waren die traurige Bilanz. Ein Kollege hatte Splitter von der Handgranate abbekommen, und Richard E. wurde bei seiner Flucht ins Gebüsch von Schüssen getroffen. Beide kamen ebenfalls ins Krankenhaus. Noch während wir uns am Tatort aufhielten und auf die Kriminalpolizei warteten, brachen die an der Autobahn stationierten Gruppen nach Trudering auf, drangen in die Wohnung des Drahtziehers Wilhelm P. ein und nahmen den 50-Jährigen fest. Er ließ es widerstandslos geschehen. Bei der Durchsuchung des Anwesens wurde ein ganzes Arsenal an Sprengmaterial entdeckt. Die Bande hatte offenbar noch einiges vorgehabt.

Es blieb nicht aus, dass das Durcheinander bei diesem Einsatz noch lange Gegenstand von Untersuchungen war. Zwar wurde der mutige Einsatz des SEK gelobt, doch es blieb die Frage, ob die Toten und Verletzten hätten vermieden werden können. Mit Unterstützung des Zentralen Psychologischen Dienstes der Bayerischen Polizei stellten wir deshalb den Einsatz nach. Was hätten wir besser machen können? Hatten wir überhaupt eine andere Wahl, nachdem eine Handgranate gezündet worden war? Leider ließen sich die Vorgänge nicht mehr eindeutig klären. Die beteiligten SEK-Angehörigen, die von der Schusswaffe Gebrauch gemacht hatten, konnten sich nicht mehr präzise erinnern. Die einen wussten nicht einmal, wie oft sie geschossen hatten, die anderen sprachen von »schallgedämpften Wahrnehmungen«. Es war, als ob sie sich körperlich und seelisch gegen eine unerträglich hohe Stressbelastung oder sogar gegen Todesangst geschützt hätten. Anhand der fehlenden Munition in den Magazinen versuchte man schließlich nachzuvollziehen, wie viele Schüsse von wem abgegeben wurden. Auch das war nicht absolut zuverlässig, weil die Magazine zwar voll sein sollten, aber es erfahrungsgemäß nicht immer waren. SEK-Männer sind halt manchmal ebenfalls vergesslich.

Ich besuchte meinen schwer verletzten Gruppenführerkollegen im Krankenhaus. Zum Glück ging es dem Ferdinand bereits besser. Er zeigte mir eine Röntgenaufnahme, auf der ich sehen konnte, wo das Geschoss eingedrungen war. Im rechten Schulterbereich – genau an der Stelle, wo die Panzerweste, wenn man sich vorbeugte, keinen Schutz bot. Das damalige Modell – der Vorfall führte nämlich zu einer Verbesserung der Schutzkleidung.

Mit einem Lineal maß ich den Durchmesser des Geschosses: 10 mm. Somit stammte die Kugel nicht aus einer

Polizeiwaffe, denn wir benutzten nur Kaliber 9. Sofort rief ich meine Dienststelle an, die wiederum das Polizeipräsidium informierte. Alle atmeten auf, dass es sich nicht um eine verirrte Polizeikugel gehandelt hatte. Doch wir hatten uns zu früh gefreut. Kurz darauf erschien der Stationsarzt und überreichte mir für unsere Untersuchungen das unbeschädigte herausoperierte Projektil. Ich traute meinen Augen nicht, als ich es sah. Ohne Zweifel ein 9-mm-Polizeigeschoss. Der Mediziner erklärte mir, Röntgenaufnahmen würden leicht verzerren und die Kugel minimal größer erscheinen lassen.

Siedend heiß fiel mir mein Anruf bei unserer Dienststelle ein. Postwendend eilte ich erneut ans Telefon, um die Sache richtigzustellen. Zu spät. Die Falschmeldung war bereits auf den Weg gebracht und entsprechend trotz Korrektur das Medienecho. Plötzlich geriet der ganze Polizeieinsatz in die Kritik, und Schlagzeilen über »tödliche Fehler« waren an der Tagesordnung. Das größte Problem aber war und blieb die Ungewissheit, wer der unglückliche Schütze gewesen sein mochte. Es ließ sich angesichts des damaligen technischen Standes nie definitiv feststellen. Trotzdem gab es Ermittlungen, und obwohl ein Ergebnis ohne Konsequenzen geblieben wäre, war uns allen mulmig zumute. Irgendwie überlegte jeder, ob er, rein theoretisch, von seiner Position während des Einsatzes den Ferdinand hätte treffen können. Zumindest in dieser Hinsicht kam ich zu einem ganz eindeutigen und für mich beruhigenden Nein.

»TRIEBTÄTER«-ALARM IM SCHWIMMBAD

»Könnt ihr einen Dreizentnermann aus einem Schwimmbecken holen?« Ich stutzte, als diese Anfrage mich irgendwann an einem gar nicht so sonnigen Frühsommertag erreichte. Wer ging denn bei so mäßigem Wetter ins Schwimmbad, dachte ich mir. Eben ein schwer übergewichtiger und zudem psychisch gestörter Typ, wie mir am Telefon erklärt wurde. Erst war eine Polizeistreife gerufen worden, die wiederum die zuständige Einsatzzentrale im Münchner Osten informierte, und jetzt waren wir dran.

Waren wir? Beim SEK rechnete man jederzeit mit Geiselnahmen, Verfolgungsjagden, Zugriffen bei spektakulären Aktionen, aber doch nicht damit, dass man ein Schwergewicht aus einem Schwimmbecken fischen sollte. »Was? Wieso?«, fragte ich dann auch perplex, woraufhin mir der Kollege am anderen Ende erklärte: »Weißt du, der Mann hat offenbar einen Dachschaden, das ist das Schlimme daran. Zudem sind wegen der Pfingstferien mehr Kinder und Familien als sonst im Bad. Und da paddelt dieses verrückte Walross im Wasser herum, als gäbe es nichts Schöneres auf der Welt, schlägt mit seinen massigen Armen um sich, fuchtelt wild herum. In einem Satz: Er macht allen Angst, und die Bademeister sind hilflos.«

Ich erfuhr noch, dass er ein Kind am Kopf getroffen und ein zehnjähriges Mädchen erst unsittlich berührt und dann untergetaucht haben soll. Zwischenzeitlich hätten die Badegäste das Schwimmbecken verlassen und seien geflüchtet. Nur der Koloss befinde sich nach wie vor im Wasser und lasse sich für Geld und gute Worte nicht zum Herauskommen bewegen. Und selbst wenn, fügte der Kollege hinzu, befürchteten die Bademeister, dass er draußen die Leute weiter belästigen könnte. »Ihr habt doch sicher Möglichkeiten, die Sache zu beenden – schließlich seid ihr ja eine Spezialeinheit«, meinte er abschließend.

Ich musste lachen, sagte aber unsere Hilfe zu. Nur hielten sich gerade alle Leute, die Dienst hatten, 40 Kilometer entfernt auf dem Schießplatz Rothschwaige hinter Fürstenfeldbruck auf. Dort hatte das SEK einen Parcours angelegt, auf dem Hindernis- und Ausdauerläufe mit diversen Schießübungen kombiniert werden. Damit man im Ernstfall sicher zielen und treffen kann, obwohl man ausgepowert ist. Ich war damals Ausbildungsleiter und teilte solche Übungen ein, musste aber nicht unbedingt anwesend sein.

Obwohl natürlich sofort Alarm gegeben wurde, blieb das Problem der Entfernung. Von Rothschwaige aus musste man durch die ganze Stadt oder außen herum ans entgegengesetzte Ende Münchens, in den Osten nämlich. Deshalb beschloss ich vorauszufahren, damit wenigstens einer von uns vor Ort war, falls der Mann aus dem Becken kletterte. Soweit ich verstanden hatte, machte er einen verwirrten und unberechenbaren Eindruck – da musste man vorsichtig sein und durfte die Sache keinesfalls auf die leichte Schulter nehmen. Nicht dass wir es am Ende mit einer Geiselnahme zu tun bekamen.

Was genau ich dort tun sollte und konnte, das wusste ich allerdings in diesem Moment noch nicht. Zum Glück war Martin, mein enger Mitarbeiter in der Aus- und Fortbildung, ebenfalls auf der Dienststelle geblieben und würde mich begleiten. »Komm, beeil dich«, sagte ich und eilte voraus. Martin, ein erfahrener Bergsteiger und Kletterausbilder innerhalb des Kommandos, schnappte sich im Gehen schnell ein Bergseil. »Man weiß nie, wofür es zu gebrauchen ist.«

Zehn Minuten später trafen wir nach einer rasanten Fahrt beim Schwimmbad ein, wo uns bereits zwei uniformierte Streifenpolizisten erwarteten und uns zum Becken führten, wo der Dicke inzwischen mutterseelenallein und beinahe zwanghaft seine Runden drehte. Wir beobachteten die Szene, ohne selbst gesehen zu werden. Unser »Täter« schwamm gelegentlich an den Beckenrand, plätscherte dort herum und brabbelte Unverständliches vor sich hin wie ein kleines Kind. Was außerhalb des Wassers geschah, schien ihn nicht zu interessieren. Worüber wir recht froh waren, denn ohne Unterstützung der Gruppe würden wir beide kaum etwas ausrichten. Wie sollten Martin und ich diesen Riesenkerl fixieren und unter Kontrolle bringen? Wenn der anfing auszuschlagen, landeten wir unweigerlich im Wasser und damit in seiner Reichweite. Andererseits würde spätestens in dem Augenblick Handlungsbedarf entstehen, sobald er aus dem Wasser stieg und zu den Umkleidekabinen ging. Das mussten wir unter allen Umständen verhindern.

»Wo ist die Einsatzgruppe?«, fragte ich nach und erfuhr per Funk, dass sie den Schießplatz zwar verlassen hatte, aber etwa eine Dreiviertelstunde bis zum Schwimmbad brauchen würde. Martin schien mir gar nicht zuzuhören, als ich ihm den Stand der Dinge mitteilte – er war mit seinen Gedanken ganz woanders. Plötzlich sagte er: »Ich hab's! Ich hab die einzig mögliche Lösung. Das Seil – wir müssen es damit probieren.«

Anfangs begriff ich nicht, was er meinte, und schaute ihn nur verwundert an. Er erklärte mir seine Idee: Sie war ebenso einfach wie genial. Wir würden uns auf dem Weg zu den Umkleidekabinen auf die Lauer legen und ihn mit einem Seiltrick außer Gefecht setzen, falls er aus dem Wasser stieg, bevor unsere Verstärkung kam.

Folgendes hatte Martin sich ausgedacht: Er wollte dem Mann mit dem nicht aufgerollten Seil entgegengehen, und gleichzeitig würde ich mich von hinten heranpirschen. Während er ihm das 40-Meter-Seil entgegenschleuderte, um ihn zum Straucheln und aus dem Gleichgewicht zu bringen, sollte ich mich von hinten auf die Fußgelenke des Mannes stürzen, damit wir ihn endgültig von den Füßen reißen und fesseln konnten.

Ob dieser Plan allerdings funktionierte, das wussten wir nicht. Natürlich hofften wir nach wie vor auf ein rechtzeitiges Eintreffen der Gruppe, die mittlerweile die westliche Stadtgrenze Münchens erreicht hatte und eine knappe halbe Stunde entfernt war. Doch uns blieb keine Zeit mehr, weil die Ereignisse sich plötzlich überschlugen.

Ich sah, wie unser Mann langsam und schwerfällig aus dem Schwimmbecken stieg, nahm ebenso wie Martin meine verabredete Position ein, und schon war es passiert. Von vorne flog das Seil, von hinten stürzte ich mich auf die Füße, um mit aller Kraft daran zu ziehen. Wie erwartet verhedderte sich der Koloss in den Stricken, verlor das Gleichgewicht, stürzte mit dem Gesicht voran zu Boden, und den Rest besorgten wir: entwirrten in Windeseile den Seilsalat, um die Hände richtig festbinden zu können, hievten das Schwergewicht mit Unterstützung der beiden Bademeister und zweier Streifenpolizisten auf die Beine und führten es nach draußen.

Just in diesem Moment kam unsere Verstärkung mit Blaulicht und Martinshorn angebraust. »Ihr kommt gerade richtig«, begrüßte ich sie fröhlich und übergab ihnen unseren »Gefangenen« für den Transport zur nächsten Polizeiinspektion. Die Kollegen jedoch waren keineswegs amüsiert. »Und dafür unterbrechen wir das Training, rasen über 40 Kilometer hierher, als würde es um Gott weiß was gehen«, murrte einer von ihnen, und die anderen nickten zur Bestätigung. Mir wäre es an ihrer Stelle nicht anders gegangen, dachte ich. Aber was sollte es: Martin und ich freuten uns über unsere ebenso erfolgreiche wie unorthodoxe Lösung eines merkwürdigen Problems und über unseren Seiltrick.

BILDERBUCHEINSATZ IN DER BIERSCHWEMME

Seit seiner Gründung stand das SEK in dem Ruf, Sammelplatz für die Crème de la Crème unter den Polizisten zu sein. Allerdings gab es eine weitere elitäre Truppe, die genau das ebenfalls für sich beanspruchte: die Sonderfahndung. Auch sie behauptete, nur die Besten in den eigenen Reihen zu haben: kantige, mutige und durchtrainierte Typen, die es mit jedem Schwerverbrecher aufnehmen konnten. Natürlich ist solches Elitedenken Unsinn, denn unzählige Polizisten leisteten damals wie heute ausgezeichnete Arbeit in ihren jeweiligen Fachbereichen. Ob auf Streife, bei der Kripo oder anderswo – es kam und kommt immer auf die Eignung an.

Trotzdem waren die Vorzeigepolizisten von der Sonderfahndung lange Zeit unbestritten die Nummer eins und betrachteten uns vom SEK anfangs als unliebsame Konkurrenz. Vor allem als wir neben unseren eigentlichen Aufgaben wie Geiselnahmen, Entführungen und Erpressungen zunehmend auch bei der Festnahme von Schwerverbrechern eingesetzt wurden. Bis dahin das ureigene Revier der Sonderfahnder, die dergleichen zur Not im Alleingang oder im Zweierteam absolvierten, während das SEK kaum unter Gruppenstärke vorging.

Rivalitäten und Reibereien waren also vorprogrammiert, und falsch koordinierte Einsätze blieben nicht aus. Ich kann mich an einen Fall erinnern, bei dem ein Serientankstellenräuber, der zudem einen Menschen niedergeschossen hatte, monatelang von uns gejagt wurde. Wir observierten Tankstellen rund um die Uhr in der Hoffnung, zur richtigen Zeit am richtigen Ort zu sein. Und dann war alles umsonst gewesen. So mir nichts, dir nichts und ohne uns zu informieren, hatte die Sonderfahndung zugeschlagen und den Täter in seiner Wohnung festgenommen. »Hauptsache gefasst« war damals für uns nur ein schwacher Trost.

Rivalitätsdenken blieb also eine Weile die vorherrschende Grundstimmung zwischen den beiden Einheiten. Bis man merkte, dass es auch anders ging und man sich optimal ergänzen konnte. Einen solchen Einsatz, an dessen Planung ich maßgeblich beteiligt war, erlebte ich Mitte der Achtzigerjahre. Ein Paradebeispiel für perfekte Abstimmung, Arbeitsteilung und Kooperation, fast wie aus dem Lehrbuch.

Es war kurz vor Weihnachten. Andreas B., ein 35-jähriger Österreicher, befand sich auf der Flucht. Er hatte in Innsbruck eine Bank überfallen, und beim Verlassen des Gebäudes war es zu einem Schusswechsel mit der Polizei gekommen, bei dem zwei Beamte tödliche Verletzungen erlitten. Seitdem lief die Fahndung, jedoch bislang ohne greifbaren Erfolg. Nun aber hatten die österreichischen Kollegen den Hinweis erhalten, der gesuchte Gewaltverbrecher könnte sich nach München abgesetzt haben, wo er sich früher angeblich im Rotlicht- und im Spielermilieu herumgetrieben hatte. Ein Fall für die Sonderfahndung also, die im Gegensatz zum SEK darin geschult wurde, Täter aufzuspüren und ein Netz von Informanten in der kriminellen Szene zu unterhalten und dieses effektiv zu nutzen.

Bloß wurde den Kollegen, nachdem sie sich die Unterlagen aus Innsbruck angeschaut und sich mit dem Täterprofil vertraut gemacht hatten, die Sache zu heiß, um sie auf eigene Faust durchzuziehen. B. war bei dem Banküberfall nicht nur mit unglaublicher Kaltblütigkeit vorgegangen, sondern trug überdies laut Erkenntnissen der Österreicher grundsätzlich eine Pistole in der rechten Hosentasche, die er ständig mit einer Hand umfasst hielt. Selbst auf der Toilette.

Weil die Festnahme also ausgesprochen gefährlich zu werden drohte, wurden wir ins Boot geholt. Gemeinsam mit der Sonderfahndung sollten wir einen Zugriffsplan entwickeln, falls B. tatsächlich in München auftauchte. Dabei wurde bereits im Vorfeld Einigkeit über Vorgehensweise und Zuständigkeiten erzielt. Problemlos und ganz logisch. Jeder übernahm das, was er am besten konnte. Die Sonderfahndung würde den Verbrecher aufspüren, das SEK ihn schnappen und festnehmen.

Kein leichtes Unterfangen, wie alle Beteiligten wussten. Das fing schon damit an, dass nur miserable Fahndungsfotos zur Verfügung standen, die eine eindeutige Identifizierung kaum erlaubten. Und was den Zugriff betraf, so konnte der nur ohne Pannen oder gar weitere Opfer gelingen, wenn B. blitzschnell, noch bevor er uns entdeckte, handlungs- und bewegungsunfähig gemacht wurde. Eine im wahrsten Sinne des Wortes überlebenswichtige Voraussetzung. Erschwerend kam hinzu, dass wir keine Ahnung hatten, wo er sich in München aufhalten oder verstecken würde. Der Gedanke, ihn in einem Wohnhaus oder auf einer belebten Straße stellen zu müssen, war der reinste Albtraum für uns.

Stundenlang saßen wir am Besprechungstisch im Polizeipräsidium und bastelten an dem geplanten Einsatzablauf. Normalerweise wurden für solche Einsätze sechs bis acht Leute abgestellt, an ihrer Spitze ein Gruppenführer im Rang eines Polizeihauptkommissars, doch weil in diesem besonderen Fall zwei unterschiedliche Dienststellen Hand in Hand arbeiten mussten, klinkte ich mich als damaliger Einheitsführer in die Einsatzvorbereitungen mit ein.

Wir kamen einen Schritt weiter, als die Sonderfahndung einen V-Mann ins Spiel brachte, der sich in der Szene umhören sollte. Es dauerte nicht lange, bis er erste Informationen aus sogenannten gesicherten Kreisen lieferte. Am nächsten Tag würde, hieß es, in einer großen Brauereigaststätte ein Treffen zwischen B. und einem Serben stattfinden. Offenbar wollte sich der flüchtige Doppelmörder gefälschte Ausweise beschaffen. Dafür nämlich sei der Serbe als Anlaufstelle bekannt, wusste der V-Mann. Aber nicht mit uns.

Jetzt war Eile angesagt. Und das vor Weihnachten, denn zu dieser Zeit war unsere Dienststelle nicht sonderlich gut besetzt. Ich trommelte alle zusammen, die für den Einsatz infrage kamen, und veranstaltete eine Art Ortstermin, denn die Großgaststätte im Innenstadtbereich war riesig und ziemlich unübersichtlich. Außerdem gab es keine Informationen über den genauen Treffpunkt. Das war beinahe, als würde man sich in einem Einkaufszentrum verabreden. Deshalb mussten wir uns selbst ein Bild von dem Gebäudekomplex machen, um zu einer relativ zuverlässigen Einschätzung zu kommen.

Mit mir waren wir 13 Kräfte, als wir am Nachmittag in die Stadt fuhren. Ich hatte Order gegeben, dass jeder unabhängig vom anderen auf eigene Faust seine Runden durch das Gewirr der verschiedenen Restaurants und Wirtsstuben sowie der Durchgänge drehen sollte, um sich alles gut einzuprägen. Gerade in der Vorweihnachtszeit herrschte dort ein wahnsinniges Gedränge. Für Aufklärungszwecke und Observierungen ein ideales Umfeld, für Zugriffsaktionen dagegen die reine Katastrophe. Wir schauten uns noch einmal das Fahndungsfoto an, falls B. einen Tag früher auftauchte und eine Inspektion des vereinbarten Treffpunkts vornahm.

Neben dem eigentlichen Haupteingang der Gaststätte ging es zunächst einmal in eine Art Bierschwemme, in der zwar Tische standen, wo man sich sein Bier aber selbst holen musste. Keine bayerische Touristenidylle, sondern damals eher ein Aufenthaltsort für Alkoholiker, Schlägertypen und schräge Vögel, die hier die Zeit totschlugen und zwischendurch die Spielautomaten an den Wänden fütterten. Hier achtete niemand auf den anderen, hier gab es nicht einmal Bedienungen, die womöglich neugierig die Ohren spitzten.

Der ideale Ort also für ein kriminelles Rendezvous. Zu eben diesem Schluss kamen wir übereinstimmend, als wir später auf der Dienststelle unsere Eindrücke austauschten. Wir waren fest davon überzeugt, dass einzig und allein die Schwemme als Ganoventreff geeignet war. Das Restaurant konnte man von vornherein ausschließen, und in der Bierhalle, in der von vormittags bis spätabends eine Blaskapelle bayerische Musik spielte, fielen Personen womöglich auf, die anderes im Sinn hatten als Bier und Gaudi.

Auf dieser Vermutung bauten wir unseren Einsatzplan auf. Ich selbst wollte verdeckt mit fünf Mann beim Eingang eines gegenüberliegenden Hotels Position beziehen, während vier weitere SEK-Leute mit einer Kollegin vom Mobilen Einsatzkommando, die zur Tarnung mitkam, wie fröhliche Zecher einen Tisch in der Bierhalle besetzen sollten. Zur Sicherheit, falls Andreas B. zuerst dort auftauchte. Zwei weitere Männer unserer Einheit würden in einem zivilen Fahrzeug die Funkverbindung zwischen der Einsatzleitung, die beim zuständigen Polizeipräsidium lag, der Sonderfahndung und dem SEK koordinieren. Dann gingen wir erst einmal alle in den Feierabend. Am späten Abend teilte mir der Leiter der Sonderfahndung noch telefonisch mit, dass dem V-Mann zufolge das Treffen gegen Mittag stattfinden werde. Somit hatten wir ausreichend Zeit, alles bei der morgendlichen Lagebesprechung ein letztes Mal gründlich zu diskutieren.

Am nächsten Tag war die Anspannung bei jedem Einzelnen spürbar gestiegen, ließ sich fast mit den Händen greifen. Nicht unnormal kurz vor einem Zugriff, doch in diesem Fall wussten alle Beteiligten nur zu gut, dass der Einsatz ebenso schwierig wie gefährlich würde. Noch einmal trafen wir uns mit den Kollegen der Sonderfahndung, gingen unsere Strategien durch und stellten fest, dass wir mittlerweile ein gutes Team bildeten. Eine wichtige Rolle war dem V-Mann zugedacht, der für uns allerdings verborgen blieb. Ihm wurde ein Kontaktmann der Sonderfahndung zugeteilt, der die Verbindung mit ihm halten sollte und von ihm verständigt wurde, sobald B. auftauchte. Das enthob uns der Schwierigkeit, den Gesuchten anhand des Fahndungsfotos identifizieren zu müssen. Der Kollege von der Sonderfahndung würde sogleich zu uns Funkverbindung aufnehmen und uns unauffällig an B. heranführen. So weit die Theorie.

Schon gegen zehn war ich mit meinen Leuten vor Ort, wobei wir uns, wie besprochen, zunächst beim Hotel gegenüber unauffällig aufstellten. Stundenlanges Herumlungern vorm Eingang zur Schwemme wäre zu verräterisch gewesen. Zumal am Morgen, wenn noch nicht so viele Leute herumliefen. Die Gruppe, die in der Bierhalle warten sollte, hatte es da leichter. Oder auch nicht, denn sie sah sich mit einem ganz besonderen Problem konfrontiert. Wenn man hierherkam, trank man Bier und nicht etwa Wasser oder Limo. Aber Bier ging nicht. Schließlich wusste niemand, ob aus den bierseligen Zechern nicht plötzlich Polizisten im Einsatz werden mussten. Es half alles nichts: Eine Bedienung wurde ins Vertrauen gezogen, wobei die Kollegen sich als Drogenfahnder ausgaben und daraufhin Alkoholfreies aus Maßkrügen erhielten. Die SEK-Männer und die MEK-Dame bemühten sich jedoch auch ohne Alkohol nach Kräften um lärmende Fröhlichkeit, und anscheinend schöpfte niemand Verdacht.

Währenddessen besprach ich mit meinem Zugriffsteam ein letztes Mal Details der geplanten Festnahme. Drei Mann würden sich B. vornehmen, wobei jeder sich auf einen bestimmten Bereich seines Körpers konzentrierte. Einer auf den Kopf, einer auf die Beine und einer auf die

Schusshand, das vermutlich größte Problem und demzufolge meines. Die verbleibenden drei Kollegen hielten sich bereit, uns sofort nach der Festnahme vom Publikum abzuschirmen. In diesem Moment würden sie sich zu erkennen geben und eine Armbinde mit der Aufschrift »Polizei« über den linken Arm ziehen. Ansonsten agierten wir in ziviler Kleidung mit einer leichten Schussweste unter den Jacken oder Pullovern, die in diesem Fall ausreichte und angenehmer zu tragen war als das schwere Modell. Mit Gewehrbeschuss mussten wir zwar nicht rechnen, aber dennoch waren Verletzungen trotz Schutzweste immer möglich, weil die Kugeln beim Aufprall ein Stück in den Körper eindringen konnten. Ein Restrisiko, an das wir lieber nicht dachten.

Insgesamt fühlten wir uns gut vorbereitet und für alle Fälle gerüstet. Als Punkt elf die Blasmusik in der Bierhalle zu spielen begann, herrschte bei uns noch Funkstille. Kein Zeichen vom gesuchten Mörder, keine Erkenntnisse über den Verbleib des Informanten. Kurz darauf allerdings sichtete ihn der Kontaktmann der Sonderfahndung und bekam sogleich »Objekt am Kiosk« signalisiert. Jetzt schrillten sämtliche Alarmsirenen, jetzt schlug der Puls Purzelbäume, klopfte das Herz bis zum Hals – jetzt musste es schnell gehen. Auf das Eintreffen von B.s Rendezvouspartner warteten wir erst gar nicht, um es nicht womöglich mit zwei Gegnern zu tun zu bekommen.

Wir wechselten die Straßenseite und näherten uns entlang der Hauswand dem Eingang zur Schwemme. Über Funk hörte ich die nächste Durchsage: »Unser Mann verlässt Kiosk.« Inzwischen war ich mit meinen Leuten fast da, ein gewaltiger Lärmpegel und ein penetranter Biergestank schlugen uns bereits entgegen. »Los, nichts wie rein«, flüsterte ich in das Funkgerät. Hoffentlich war B. noch da, und hoffentlich erkannte ich ihn, schoss es mir durch den Kopf. Ansonsten war ich mittlerweile ganz ruhig. Alle Angst und anfängliche Nervosität schienen wie weggeblasen. In einer solchen Situation konzentrierte ich mich so auf meine Aufgabe, dass für andere Gedanken keine Zeit blieb.

Plötzlich entdeckte ich im Gewühl unseren Kontaktmann. Er kam uns entgegen. Was nun? Was hatte das zu bedeuten? Aha, kapierte ich, er wollte mir etwas zeigen, denn mit seinem Blick wies er mich im Vorbeigehen auf eine Person hin und deutete, sobald er vorbei war, von hinten darauf. Da war er also, unser gesuchter Doppelmörder.

Eine rasche Kopfbewegung in seine Richtung, mehr brauchte es nicht, und meine Leute begriffen, dass wir B. vor uns hatten. Sogleich formierten sie sich links und rechts von mir, und wir holten auf. Als wir heran waren, stieß ich einen markerschütternden Schrei aus, griff gleichzeitig B. an die rechte Hosentasche und hielt seine Hand fest, bevor er die Pistole herausziehen konnte. In dem Moment stürzten sich die beiden anderen auf Kopf und Beine. Zu viert gingen wir zu Boden. Bislang lief alles nach Plan. Leo zur Linken setzte den Würgegriff an, und Sören zur Rechten umklammerte die Beine, während ich weiter krampfhaft die Hand in der Hosentasche umschloss. Kein Zweifel, dass er eine Pistole festhielt.

Um keinen Preis durfte ich lockerlassen, drehte aber vorsichtshalber B.s Faust gegen seinen eigenen Körper. »Jetzt kannst abdrücken, dann erschießt du dich selbst, direkt in den Bauch«, schrie ich B. an. Er antwortete nicht, denn

Leos Würgegriff nahm ihm die Luft zum Atmen. Schließlich spürte ich, wie die Kraft in seinen Fingern nachließ, und zog erst seine Hand, dann die Waffe aus der Hosentasche.

Er leistete so gut wie keinen Widerstand. Wir hatten ihn überwältigen können, ohne dass ein Schuss gefallen war. »Würgegriff lockern!«, schrie ich und gab gleichzeitig Order, Andreas B. an Händen und Beinen zu fesseln. Währenddessen hatten die Kollegen, die nicht unmittelbar am Zugriff beteiligt waren, alle Hände voll zu tun, uns die Passanten vom Hals zu halten, die neugierig herumstanden und sich erst entfernten, als sie die Armbinden mit der Aufschrift »Polizei« sahen.

Was blieb, war reine Routine. Gerade hatten wir B. in eine Nische gezogen, der Einsatzleitung über Funk den erfolgreichen Zugriff gemeldet und warteten eigentlich bloß noch auf ein Fahrzeug für den Abtransport. Da geschah es. Der Mann, der mitleidslos zwei Polizisten erschossen hatte, war mit einem Mal gar nicht mehr kaltblütig. Er stand offenbar so unter Schock, dass er sich in die Hosen machte. Es stank erbärmlich, und die ersten Spuren breiteten sich schon am Boden aus. Eigentlich wäre eine Grundreinigung mit komplettem Kleiderwechsel angesagt gewesen, doch die war hier nicht möglich. Ihn so in aller Öffentlichkeit abzuführen, das wollten wir wiederum nicht. Schließlich hatte selbst ein Mörder Anspruch auf Wahrung seiner Menschenwürde. Zwei Wolldecken, die einer meiner Männer irgendwo auftrieb, mussten reichen, um ihm die größte Peinlichkeit zu ersparen. In diese eingewickelt, jedoch nach wie vor übel riechend, trat er seinen Weg in die

Haft an. Dass der für den Transport benutzte Wagen anschließend einer gründlichen Reinigung unterzogen werden musste, sei nur am Rande erwähnt.

Trotz dieser eher kuriosen Einlage war es ein perfekter Einsatz! Wie aus dem Lehrbuch. Was mich besonders freute, war die gute Zusammenarbeit mit der Sonderfahndung. Auf der Dienststelle tranken wir gemeinsam noch ein Bier, das vor allem unsere Pseudotouristen, die in der Bierhalle nur so getan hatten, als ob, sehr genossen.

EINE VERRÜCKTE VERFOLGUNGSJAGD

Geiselnahmen waren und sind immer ein heikles Problem, selbst für die Leute vom SEK, die speziell für solche Einsätze ausgebildet werden. Obwohl ich persönlich während meiner langen Zeit bei dieser Spezialeinheit zum Glück nicht den Tod einer einzigen Geisel erleben musste, war die Furcht doch allgegenwärtig, es könnte passieren.

So auch an jenem Tag im Mai 1986, als auf der SEK-Dienststelle folgende Meldung einging. Eine Frau hatte die Notrufnummer 110 gewählt und aufgeregt hervorgestoßen: »In unserem Haus bedroht uns eine Geiselnehmerin mit einer Pistole.« Schließlich nannte sie atemlos Name und Adresse. Die Beamten in der Einsatzzentrale glaubten ihr zwar nicht recht, schickten aber trotzdem zwei Streifenbesatzungen dorthin. Während diese noch berieten, was zu tun sei, verließen drei Personen das Haus. Ein Mann und zwei Frauen, von denen die eine die beiden anderen mit einer Schusswaffe zu einem parkenden BMW trieb. Die Polizisten beobachteten ratlos und hilflos die Szene. Sie wussten lediglich, dass es sich um den Arzt Arno Z. und seine Sprechstundenhilfe handelte – so viel hatte die aufgeregte Anruferin mitgeteilt – und dass die Geiselnehmerin ganz offensichtlich irre sei. Was tun?

Die Streifenpolizisten konnten nur hoffen, dass bald kompetente Hilfe eintraf. Nämlich wir, denn unmittelbar nach Eingang des Notrufs war vorsorglich das SEK alarmiert worden. In Abwesenheit unseres Kommandoführers fiel mir die Aufgabe zu, rasch einen Notzugriffstrupp zusammenzustellen. Acht Männer, die mit mir die Vorhut bildeten. Allerdings wurde automatisch der Rest des Kommandos ebenfalls alarmiert. Das ist bei Geiselnahmen üblich, da rücken alle aus, die nicht gerade im Urlaub oder krank sind.

Unterwegs nahm ich über Funk Verbindung mit dem zuständigen Außendienstleiter im Präsidium auf, bei dem bis zum Eintreffen des Einsatzleiters alle Fäden zusammenliefen. Der BMW des Arztes war vom Stadtteil Milbertshofen ins nahe Schwabing gefahren. Als wir dort ankamen, herrschte auf den Straßen des ehemaligen Künstlerviertels, wo heute bevorzugt Touristen bummeln, ein unvorstellbares Chaos. Zur Abwechslung mal verursacht durch die Münchner Polizei. Zivilstreifen der zuständigen wie der benachbarten Polizeiinspektionen jagten hinter dem Geiselnehmerfahrzeug her, und über allem zog ein Polizeihubschrauber mit höllischem Lärm seine Runden, um bei der nun beginnenden Verfolgungsjagd ja nicht außen vor zu bleiben. So etwas hatte ich bis zu diesem Moment noch nie erlebt.

Während das alles völlig wild und unkoordiniert ablief, erreichte uns die Meldung, dass es der jungen Arzthelferin gelungen sei, nahe des Englischen Gartens an einer roten Ampel die Flucht zu ergreifen. Sie war es dann auch, von der wir später Einzelheiten über diese merkwürdige Geiselnahme erfuhren. Vorerst jedoch ging es weiter drunter und drüber. Ständig wurden wir mit neuen Standortmeldungen bombardiert, die es uns unmöglich machten, Anschluss an den BMW zu finden. Wir jagten so ziemlich durch alle Straßen, die es in Schwabing gibt.

Es war zum Verzweifeln. Wie sollte ich auf diese Weise jemals in Position A gelangen, direkt hinter das Auto nämlich, das wir schließlich zum Anhalten zwingen sollten? Zur Not bei voller Fahrt. Irgendwann kamen wir ihm zwar näher, aber das war's dann auch. Immer noch jagten unbeirrt Zivilstreifen vor uns her, obwohl ich immer wieder über Funk schrie: »Hier spricht das SEK! Alle Zivilstreifen wegbleiben!« Nichts half. Ganz offensichtlich war bei den Kollegen eine Art kollektives Jagdfieber ausgebrochen und das sonst funktionierende Prinzip von Befehl und Gehorsam außer Kraft gesetzt worden. Selbst die Intervention des Polizeiführers, der inzwischen die Gesamtleitung des Einsatzes übernommen hatte, blieb wirkungslos, und die wilde Jagd ging noch fast ein Stunde weiter.

Erst als er selbst mit seinem Wagen auftauchte und die Verfolgung in kalkulierbare Bahnen zu lenken versuchte, blieben die Zivilstreifen zurück. Und wir schlossen endlich mit drei Einsatzfahrzeugen zu dem Fluchtfahrzeug auf und wechselten uns in Position A ab. Wer Schwabing kennt, kann nachvollziehen, was das bedeutete. Schließlich gibt es dort mehr schmale Straßen als breite Boulevards und dazu einen höllischen Verkehr.

Rote Ampeln und Vorfahrtsregeln waren noch unser geringstes Problem, und es interessierte uns nicht, wenn jedes unvorschriftsmäßige Überqueren einer Kreuzung ein lautes Hupkonzert zur Folge hatte. Die anderen Verkehrsteilnehmer ahnten schließlich nicht, welches Drama sich gerade vor ihren Augen abspielte. Wie sollten sie auch, denn schließlich verzichteten wir auf Blaulicht und Martinshorn und waren in einem völlig zivil aussehenden Wagen der gehobenen Klasse unterwegs. Die anderen haben uns bestimmt für Verkehrsrowdys im fortgeschrittenen Alter gehalten. Aber anders war es nicht machbar, wenn wir den Anschluss nicht verlieren wollten. Und mit Signalen zu fahren, das war ebenfalls unmöglich, weil wir uns bei der Verfolgung nicht als Polizei outen wollten. Sonst hätten wir ja gleich einen Streifenwagen nehmen können.

Jedenfalls war es eine endlose Odyssee, die kein Ende zu nehmen schien. Plötzlich eine Kursänderung. Der BMW verließ das Schwabinger Straßengewirr, hielt auf das Olympiagelände zu und fuhr von dort Richtung Autobahn und schließlich auf die Ostumgehung. In diesem Moment wünschte der Einsatzleiter eine persönliche Unterredung mit mir in seiner mobilen Befehlszentrale, einem untermotorisierten umgebauten Kastenwagen mit allen möglichen Ausrüstungsgegenständen. Das durfte doch nicht wahr sein, dachte ich. Nur um das weitere Vorgehen noch einmal abzusprechen, sollten wir den BMW entkommen lassen? Er selbst hatte mit seiner lahmen Kiste ohnehin keine Chance bei der Verfolgung. Warum ließ er mir da nicht freie Hand? Also lehnte ich eine Besprechung ab, forderte stattdessen von ihm die Freigabe für den Zugriff.

Ein Wort gab das andere. »Bleiben Sie stehen, ich will mit Ihnen reden!« – »Geht nicht, sonst verlieren wir das Fluchtfahrzeug!« – »Halten Sie sofort an!« – »Ich brauche von Ihnen die Freigabe für den Zugriff!«

So ging es hin und her, doch keiner gab nach. Inzwischen hatte der Arzt, vermutlich auf Befehl der Geiselnehmerin, das Tempo erhöht, und während wir dem BMW weiterhin folgten, besprach ich auf unserem internen Funkkanal mit meinen Leuten den Zugriff. Wir wollten es mit einem Ablenkungsmanöver versuchen. Falls das Fluchtfahrzeug irgendwo zum Stehen kam, sollte der Wagen auf Position A die Aufmerksamkeit auf sich ziehen, damit die Besatzungen der beiden hinteren Wagen unbemerkt zugreifen konnten. Ganz ohne Risiko war das nicht. Schließlich hatten wir es mit einer bewaffneten und vor allem psychisch offenbar schwer gestörten Geiselnehmerin zu tun. Trotzdem versprachen wir uns Erfolg von diesem Vorgehen.

Erneut bat ich um die Freigabe des Zugriffs. Funkstille. Dann, nach einigen Minuten, die erboste Stimme des Einsatzleiters: »Zugriff nur bei günstiger Gelegenheit unter Ausschluss einer Gefährdung der Geisel!« Der übliche Spruch. Wenngleich das leichter gesagt als getan war, wiederholte ich kommentarlos die Anweisung. Der BMW näherte sich jetzt der Ausfahrt Riem. Hoffentlich fuhr er raus, dachte ich, zurück auf normale Straßen mit Kreuzungen und Ampeln. Außerdem musste man hier am Stadtrand nicht mit sonderlich lebhaftem Verkehr rechnen. Ideal eigentlich für einen Zugriff. Unsere stummen Gebete wurden erhört. Der BMW verringerte das Tempo, setzte den rechten Blinker. Offenbar wollte er die Autobahn verlassen.

»Zugriff nach eigenem Ermessen«, funkte ich mit angespannter Stimme meinen Leuten in den beiden vor mir fahrenden Wagen durch. Wir selbst beschleunigten, um näher heranzukommen, und schon bot sich eine Möglichkeit. Unmittelbar nach der Ausfahrt schaltete die Ampel gerade auf Rot, und der BMW hielt auf der linken Abbiegespur an. Das war unsere Chance, dachte ich mir und schrie noch einmal laut: »Zugriff! Zugriff!«

Dann ging alles ganz schnell. Der erste unserer Wagen beschleunigte ein letztes Mal, bremste in Höhe des Fluchtwagens ab, der nach wie vor an der Ampel stand, und rammte mit der linken Breitseite den rechten Kotflügel des BMW. Die Besatzung im Innern ging vorsichtshalber in Deckung, falls die Geiselnehmerin das Feuer eröffnen sollte. Doch bevor Derartiges überhaupt geschehen konnte, war bereits Wagen Nummer zwei da, prallte mit lautem Knall frontal in das Heck des ohnehin schon demolierten Autos, und nur einen winzigen Moment später trafen auch wir ein, sprangen heraus, eilten zu dem eingekeilten BMW. In Sekundenschnelle zertrümmerte einer meiner Männer mit einem Nothammer die rechte hintere Seitenscheibe, packte sogleich die Hand mit der Pistole. Er war spezialisiert auf solche Fälle, und alles lief so schnell ab, dass die Geiselnehmerin es kaum begriff. Plötzlich von gezogenen Waffen umringt zu sein war für sie sichtlich ein Schock.

Fast drei Stunden hatte die Verfolgungsjagd gedauert, und noch immer wussten wir nicht, wie es überhaupt zu der Geiselnahme gekommen war. Zweifelsfrei stand nur fest, dass die Täterin geistig verwirrt war und außerdem offenbar unter Verfolgungswahn litt.

Angefangen hatte alles gegen 18 Uhr an diesem Tag, als kurz vor Ende der Sprechstunde eine Unbekannte mit Kopftuch und Sonnenbrille die Arztpraxis im dritten Stock eines Schwabinger Hauses betrat und sich als Privatpatientin anmeldete. Im Behandlungszimmer zog sie sogleich eine Pistole und bedrohte den Mediziner: »Leisten Sie keinen Widerstand, ich bin in Judo und Karate ausgebildet«, sagte sie. Arno Z. glaubte anfangs, dass es sich möglicherweise um ein Drogendelikt handelte und die Frau die Herausgabe von Betäubungsmitteln erzwingen wollte, musste jedoch bald erkennen, dass er es mit einer schwer gestörten Person zu tun hatte. Die ihm völlig unbekannte Frau redete wirres Zeug von entführten Kindern und einem Chef, der dahinterstecke und sie ständig beobachte. Und genau zu diesem geheimnisvollen Chef wollte sie von dem Arzt gefahren werden.

Mit der Waffe vor Augen blieb Arno Z. keine andere Wahl, als ihrem Wunsch zu entsprechen. Beim Verlassen der Praxis beschloss die Frau spontan, auch noch die Helferin mitzunehmen, und dirigierte beide Opfer nach unten auf die Straße und von dort in eine nahe gelegene Tiefgarage. Hielt dabei die Pistole unter einer Zeitung auf die Geiseln gerichtet. Dann befahl sie dem Arzt, sich ans Steuer seines schwarzen BMW zu setzen, Christina B. dirigierte sie auf den Beifahrersitz, sie selbst nahm hinten Platz.

Jetzt wurde es gänzlich konfus, denn plötzlich war nicht mehr von Chef und Kindern die Rede, sondern es hieß: »Sie fahren zu sich nach Hause!« Warum, wusste niemand, aber Arno Z., der ebenso wie seine Assistentin panische Angst vor der Verrückten mit der Waffe hatte, sah keine Möglichkeit, sich zu weigern. Er fuhr mit ihr zu seinem Einfamilienhaus in Milbertshofen und ließ sie herein.

Bei ihrer Ankunft saßen im Wohnzimmer die schwer kranke Frau des Arztes samt Tochter und Freund, die alle nicht fassen konnten, in was für einer Situation sie sich plötzlich wiederfanden. Immerhin behielt Dr. Z. die Ruhe und versuchte die Situation zu deeskalieren, bot Mineralwasser an. Die Frau trank das Glas leer und steckte es in ihre Tasche. »Zur Erinnerung«, wie sie sagte. Immer deutlicher trat das Ausmaß der psychischen Störung zutage, zudem wirkte die Geiselnehmerin extrem sprunghaft. Ohne dass klar wurde, was sie in der Wohnung von Arno Z. eigentlich wollte, begann sie plötzlich zu murmeln, sie wolle in die Innenstadt und dort in ein Taxi umsteigen. Die Arztfrau nutzte das wirre Gerede, simulierte einen Schwächeanfall und bat darum, das Zimmer für eine Weile verlassen zu dürfen. Sie müsse sich unbedingt hinlegen, sagte sie. Vom Schlafzimmer aus wählte sie dann die Notrufnummer und löste eine der spektakulärsten Verfolgungsfahrten in der Geschichte der Münchner Polizei aus.

Das Resultat fand übrigens nicht nur ein positives Echo. So sah jener Polizeidirektor, der den Einsatz leitete und mit dem ich mir während der Verfolgungsjagd den erbitterten verbalen Schlagabtausch per Funk lieferte, beim Eintreffen vor Ort nur die Folgen der Karambolage, nämlich drei beschädigte Fahrzeuge. »Mann, sind Sie wahnsinnig?«, waren seine ersten Worte. Er wollte es zunächst nicht wahrhaben, dass nur so die Geiselnahme ohne Blutvergießen beendet werden konnte. Offensichtlich war er immer noch erbost, weil ich eine Besprechung mit ihm abgelehnt hatte, und mochte selbst jetzt nicht zugeben, dass ein Abbruch der Verfolgung Unsinn gewesen wäre.

In dieser Situation kam mein Chef, der über Funk den Einsatz von zu Hause aus verfolgt hatte, wie gerufen. »Gut gemacht, Leute! Geiselnahme lehrbuchmäßig gelöst. Besser geht es nicht. Gratulation!«, rief er uns schon von Weitem entgegen, beglückwünschte uns dann mit Handschlag, bevor er den Einsatzleiter begrüßte. Der änderte postwendend seine Meinung und rang sich ebenfalls zu einem Lob durch. »Respekt! Gute Arbeit«, meinte er plötzlich. Von diesem Zeitpunkt an hatte ich bei ihm einen Stein im Brett. Noch oft, wenn wir miteinander zu tun hatten, erwähnte er den »hervorragenden Zugriff« der SEK-Beamten, bei dem niemand zu Schaden gekommen sei.

Auch mir ist der Einsatz unvergesslich geblieben. Immer wenn ich in Schwabing bin, wird jene wilde Verfolgungsjagd wieder lebendig. Sie war ebenso verrückt wie die Geiselnehmerin, die übrigens in eine psychiatrische Klinik eingewiesen wurde. Ich habe oft darüber nachgedacht, ob sie einfach bloß unter Verfolgungswahn litt und völlig unmotiviert handelte oder ob sie sich den Arzt aus irgendeinem unbekannten Grund gezielt ausgesucht hatte. In Fällen wie diesem würde man manchmal gerne mehr wissen, doch zumindest offiziell erfuhren wir nie, was mit den von uns gefassten Personen weiter geschah und welche Motive ihrer Tat zugrunde lagen. Für uns war in der Regel mit dem Zugriff die Sache erledigt.

GEISELDRAMA IN STADELHEIM

Für die Presse war sie ein gefundenes Fressen, diese Geiselnahme in der JVA München, dem größten Gefängnis Bayerns, das zudem als ausbruchsicher galt. Man warf der Justiz Fehler und Versäumnisse vor, und auch wir, die wir die Befreiung der Geisel durchführten, gerieten in die Kritik, weil das Opfer dabei schwer verletzt wurde. Jedenfalls brachte es der Albaner Jerko B. fertig, das Sicherheitsdenken der bayerischen Justiz Mitte der Achtzigerjahre in seinen Grundfesten zu erschüttern.

Der 47-Jährige, angeklagt wegen Raubes und zweifachen Mordes, wartete in Stadelheim auf seinen Prozess. Die Münchner JVA, die Zellen für rund 1700 Insassen bietet, wird überwiegend mit Untersuchungshäftlingen oder sogenannten Kleinkriminellen belegt, die eine Kurzzeitstrafe absitzen. Schwerverbrecher werden in der Regel nach ihrer Verurteilung nach Straubing gebracht. Dieses Schicksal drohte nun dem Albaner, das wusste er, und genau das wollte er verhindern.

Dann wäre es nämlich ein für alle Mal vorbei mit dem relativ lockeren Häftlingsalltag von Stadelheim. Der war allein schon dadurch bedingt, dass täglich Häftlinge bei Gericht vorgeführt werden mussten und andere Besuche von ihren Anwälten empfingen. Und für die minder schweren Jungs gab es Resozialisierungsmaßnahmen. Es herrschte also ein reges Kommen und Gehen, und darin erkannte Jerko B. seine Chance. Bei ihm ging nämlich ebenfalls sein Anwalt ein und aus. So auch an diesem Augustnachmittag, als er eine Geisel nahm.

Natürlich gab es Sicherheitsvorkehrungen, die das eigentlich verhindern sollten. Etwa gesonderte Besucherzellen, zu denen die Häftlinge nur Zugang über einen speziellen, eigens abgesicherten Gang hatten, während Rechtsanwälte oder Angehörige den sogenannten Besuchergang auf der anderen Seite benutzten. Zudem wurden Häftlinge wie Besucher von Justizangestellten begleitet, um diverse Zwischentüren auf- und sogleich wieder zuzusperren. Ich hatte das im Rahmen einer Besichtigung für das Spezialeinsatzkommando bereits gesehen und die Sicherheitsvorkehrungen als vorbildlich empfunden. Nicht im Traum wäre mir eingefallen, dass wir hier einmal zum Einsatz kommen könnten. Außer bei einer Häftlingsrevolte vielleicht, sicher aber nicht, um einen Anwalt aus der Hand eines Gefängnisinsassen zu befreien.

Bis 14 Uhr hatte B. eine Unterredung mit seinem Rechtsanwalt und saß anschließend in dem an den kleinen Besprechungsraum angrenzenden Wartebereich, von wo aus Justizangestellte ihn in seine Zelle zurückbringen sollten. So war es zumindest gedacht, aber dem Albaner gelang es, sich irgendwo in den Häftlingsgängen zu verstecken. Er hatte wohl auf eine Gelegenheit wie diese gewartet, wenn er einmal eine Weile unbeobachtet sein würde. Jedenfalls nutzte er die Gunst der Stunde, als in Besucherzelle Nummer 16, in der Rechtsanwalt Franz S. seine Klienten beriet, bei einem Wechsel die Tür geöffnet blieb. Das war gegen 15 Uhr, und niemandem schien bis dahin aufgefallen zu sein, dass Jerko B. fehlte.

Der drang jetzt in den kleinen Raum ein, hielt dem entsetzten 36-jährigen Juristen ein beidseitig geschliffenes Tischmesser an die Kehle und fügte ihm, weil er sich zu wehren versuchte, Schnittverletzungen am Hals und an beiden Händen zu. Dann fesselte er seinem Opfer mit einer Kordel die Hände auf dem Rücken und band ihm einen Sprengsatz um den Hals. Der Albaner, Absolvent einer Technikerhochschule, hatte ihn aus Bestandteilen eines Radios und aus Zündhölzern selbst gebaut.

Als wenig später ein Vollzugsbeamter kam, drückte Jerko B. ihm einen Zettel in die Hände. »Das ist meine Geisel. Die Bombe explodiert nicht, solange ich die Zündvorrichtung festhalten kann. Lässt der Druck nach, dann ist der Anwalt tot. Nur ich kann die Explosion verhindern. Sollte ich getötet werden, stirbt er auch. Ich werde in 20 Minuten die JVA verlassen. Wenn ich mir sicher bin, dass mich niemand verfolgt oder observiert, lasse ich den Rechtsanwalt frei.« Einen Zettel mit gleichlautender Botschaft sollte der Mann an irgendeinen anwesenden Anwalt übergeben. Warum, das erklärte Jerko B. nicht.

Etwa eine Dreiviertelstunde später wurden wir alarmiert. Ich erinnere mich gut, dass ich gerade an meinem Schreibtisch einen Bericht über unsere Erfahrungen mit Schutzausstattung verfasste, während zwei Gruppen vom Sport kamen und unter die Duschen wollten, als wir über die Lautsprecheranlage die Stimme unseres Kommandoführers hörten. »Geiselnahme in der JVA Stadelheim. Sofort aufrüsten und einsatzklar melden. Fahrzeuge wie üblich rückseitig des Dienstgebäudes aufstellen. Wir fahren geschlossen zum Tatort.«

Angesichts der besonderen Gefährlichkeit der Lage wären wir normalerweise in voller Einsatzstärke ausgerückt, was aber nicht möglich war, da viele sich im Urlaub befanden. Immerhin kamen wir jedoch auf etwas mehr als die Hälfte. Wer bloß zu Hause war, wurde nachalarmiert. 20 Minuten später waren wir dort, wurden bereits dringlich erwartet und zur Abwechslung mal ohne große Rückfragen hereingelassen. Normalerweise ist das ein endloses Prozedere: Schleuse auf, Kontrolle, Schleuse zu, nächste Schleuse auf, Einfahrt, Schleuse zu. Gemeinsam mit dem Chef war ich als sein Stellvertreter für den Zugriff verantwortlich, und wir nahmen deshalb sofort Verbindung mit dem Gesamteinsatzleiter auf, der vom Gefängnisdirektor einen eigenen Raum zugewiesenen bekommen hatte.

Natürlich sollte wie immer bei Geiselnahmen erst einmal mit dem Täter verhandelt werden, um ihn vielleicht zur Aufgabe zu überreden. Normalerweise Aufgabe der sogenannten Verhandlungsgruppe, die sich aus besonders redegewandten und psychologisch geschulten Polizisten aus den unterschiedlichsten Dienststellen zusammensetzte. Sie führten nicht nur die Gespräche mit dem Täter und werteten diese aus, sondern sie verstanden sich auch auf Hinhalte- und Zermürbungstaktiken. Weil aber bislang weder diese Kollegen noch Polizeipsychologen eingetroffen waren, griffen wir auf zwei Justizangestellte zurück, die einen persönlichen Bezug zu Jerko B. hatten.

Während sie mit ihm vom Besuchergang aus zu reden versuchten, bereitete ich vorsorglich alles für einen Notzugriff vor und ließ meine Leute über den Häftlingsgang in eine benachbarte Besucherzelle schleusen. Wegen der Bombendrohung hatten sie neben den üblichen Ausrüstungsgegenständen einen Feuerlöscher dabei. Zum Glück verlief alles ohne Probleme: Der Albaner schien unseren Aufmarsch nicht zu bemerken. Ich selbst bezog mit meinen Mitarbeitern in einem Raum Stellung, von dem aus man durch eine Panzerverglasung den Besuchergang beobachten konnte. Einschließlich der bei unserem Eintreffen bereits geöffneten Tür zu Zelle 16. Zusammen mit den anderen Führungskräften des Spezialeinsatzkommandos arbeiteten wir akribisch auf den Zugriff hin. Welche Möglichkeiten boten sich an?

Die erste Option wäre, den Täter in der Zelle zu überwältigen, was allerdings in Anbetracht der Sprengladung problematisch schien. Eine weitere bestünde in einem vorgetäuschten freien Abzug mit seiner Geisel, bei dem der Zugriff auf dem Weg durch das Gefängnis erfolgen müsste. Als letzte Möglichkeit zogen wir den Einsatz von Präzisionsschützen in Betracht – den »finalen Rettungsschuss« also, der allerdings vom Einsatzleiter freigegeben werden musste. Wie immer neigten wir zu einer Lösung vor Ort. Erfahrungsgemäß war es nämlich komplizierter, eine Geiselnahme während einer Autofahrt oder einer Flucht zu Fuß zu beenden. Trotzdem durften wir diese Variante nicht ganz außer Acht lassen, und so wurde das Mobile Einsatzkommando (MEK) beauftragt, eine Observierung des Täters vorzubereiten, falls dieser es durchsetzte, mit seiner Geisel das Gefängnis verlassen zu dürfen. Den Zugriff würden dann meine Leute durchführen.

Wir wiesen die in Zelle 14 wartenden Notzugriffskräfte

an, nur im Fall einer Explosion auf eigene Faust einzugreifen, und beauftragten eine Einsatzhundertschaft, außen abzusperren. Um eventuell notwendige Straßenblockaden kümmerte sich die Polizeiinspektion. Die Kriminalpolizei war inzwischen ebenso vor Ort wie die Verhandlungsgruppe und die Technische Sondergruppe (TSG), die sich um eine Analyse des Sprengsatzes bemühte, allein aufgrund von vagen Angaben der Justizleute. Darüber hinaus standen ein Verbindungsbeamter der JVA und der Pressesprecher der Polizei bereit. Ein beachtliches Aufgebot also.

Bislang waren die Gespräche mit dem Geiselnehmer ergebnislos verlaufen und wir entsprechend froh, als die Profis von der Verhandlungsgruppe eintrafen. Vielleicht brachten sie ja das scheinbar Unmögliche zustande, Jerko B. zur Aufgabe zu überreden. Inzwischen war es 17 Uhr. Vor der geöffneten Tür zu Zelle 16 stehend versuchten sie immer wieder mit ihm ins Gespräch zu kommen, bissen jedoch auf Granit. Der Albaner beharrte auf seinen Forderungen und drohte mit der Zündung der Bombe.

Mehr Erfolg schien der Spezialist der TSG mit seinen Bemühungen zu haben. Man hatte ihn mit der Verhandlungsgruppe in den Besuchergang geschleust, damit er den Sprengsatz selbst in Augenschein nehmen konnte. Nach längerer Beobachtung gelangte er zu der Ansicht, dass der Täter bluffte, hielt es für ausgeschlossen, dass B. stundenlang ständig den Zündmechanismus drücken konnte, ohne einmal loszulassen. Außerdem hatte er schon zweimal die Druckhand gewechselt. Der TSG-Mann erklärte deshalb, es könne sich eigentlich nur um eine Zündvorrichtung handeln, die gezielt ausgelöst werden müsse. Was unsere Planung für den Zugriff natürlich von Grund auf änderte.

Dann wurde es noch komplizierter, denn Jerko B. sprach plötzlich von einer Ruhestromanlage. Wir durften ihn nicht unterschätzen – schließlich war er kein Hobbybastler, sondern vom Fach. So viel kristallisierte sich langsam über die Beschaffenheit der Bombe heraus: Eine Kugelschreibermine verband den Stromkreis, und zu einer Explosion würde es in dem Moment kommen, wenn die Batterieleistung rapide abfiel oder durch Loslassen des Verbindungsstifts ein Stromkontakt geschlossen oder das Verbindungskabel zwischen Zünder und Bombe abgerissen würde. All das konnte jederzeit leicht passieren, weshalb es uns nicht ratsam schien, noch länger zu warten. Das Leben der Geisel war in akuter Gefahr. In dieser Situation gab es nur eine Möglichkeit: den Zugriff in der Zelle.

Aber wie? Wir sondierten erneut die Lage. Auf dem Gang vor dem Besucherzimmer, in dem sich nach wie vor Täter und Geisel aufhielten, herrschte ein reges Hin und Her. Zwei Justizbeamte, ein Psychologe, ein Experte der TSG und ein für den Zugriff vorgesehener SEK-Mann schauten neugierig in den Raum, ohne dass B. sie daran hinderte. Er schien sich durch die Bombe um den Hals seiner Geisel absolut sicher zu fühlen und seine Überlegenheit zu genießen. Ich beobachtete durch das Panzerglas das Geschehen und war alles andere als optimistisch gestimmt. Ehrlich gesagt war mir wirklich mulmig zumute. Wie sollte das funktionieren? Was passierte, wenn der Sprengsatz wirklich hochging? Gab es dann Verletzte oder gar Tote? Welche anderen Möglichkeiten des Zugriffs gab es noch?

Fieberhaft suchte ich nach alternativen Lösungen, nach Auswegen aus dem Dilemma, in dem wir uns befanden.

Die Zeit drängte. Allein die Tatsache, dass die Batterien schwächer wurden, zwang uns zum Handeln. Wir standen gewaltig unter Druck. Wir mussten etwas unternehmen, wir brauchten einen Plan, mit dem wir den Geiselnehmer überrumpeln konnten.

Und so sah er dann aus: Während die Verhandlungsgruppe den Albaner abzulenken versuchte, sollte ein nahkampferprobter SEK-Mann ohne Kampfausrüstung sich unauffällig zu der Personengruppe vor der Besucherzelle gesellen, rasch in den kleinen Raum springen und die Faust des Täters so umschließen, dass sich der Zündmechanismus nicht mehr auslösen ließ. Zwei Kollegen würden ihm zur Hilfe kommen und die Notzugriffskräfte zeitgleich vom Häftlingsgang in die Zelle eindringen, um die Bombe vom Hals des Opfers zu reißen und sie anschließend durch Kappen des Verbindungsdrahts zu entschärfen. Ein guter Plan, so schien es, und ein machbarer dazu. Das fand auch der Polizeiführer und stimmte zu. Ich wiederholte die Freigabe über Funk, nachdem ich die Sache selbst nochmals überdacht hatte.

Um 19.50 Uhr wurde es ernst. Ich sah, wie unser Nahkampfspezialist in Richtung Besucherzelle ging. Leger gekleidet und die Hände auf die Hüften gestützt näherte er sich der geöffneten Tür. Hinter meiner Panzerverglasung verstand ich zwar kein Wort, sah jedoch anhand seiner Gesten, dass er die beiden Justizangestellten wegschickte. Gut so, denn das hier war nicht gerade ein sicherer Ort. Zudem brauchten die nachfolgenden Einsatzkräfte Platz. Ich sagte noch: »Aktion läuft!«, dann herrschte erst einmal Funkstille. Was würde geschehen?

Kaum hatte ich mir diese Frage gestellt, da stürzte unser Mann schon mit nach vorne ausgestreckten Armen in die Besucherzelle. Und gleich darauf sah ich einen Feuerball. Die Bombe war explodiert, unser Plan gescheitert. »Zugriff, Zugriff!«, schrie ich ins Mikrofon und rannte in den Gang hinaus. Obwohl unser Nahkämpfer die Faust des Täters umschlossen hielt, war es zur Zündung der Bombe gekommen. Schnell stieß er B. weg und riss den noch schwelenden Sprengsatz vom Körper des Rechtsanwalts. Die gleichzeitig eindringenden Zugriffskräfte deuteten das Geschehen leider falsch, verwechselten das Opfer mit dem Täter und fassten den armen Anwalt recht unsanft an. Zusätzlich zu seinen Verbrennungen durch die Explosion erlitt er durch die Attacke schmerzhafte Prellungen, denn es dauerte eine Weile, bis unsere Männer ihren Irrtum bemerkten.

Franz S. äußerte sich im Nachhinein nicht gerade lobend über die Aktion. Obwohl sie seiner Befreiung diente, stand bei ihm der Ärger über das Missverständnis und seine Verletzungen im Vordergrund. Verständlich vielleicht. Dass sich die Presse begierig auf die Panne stürzte, durfte nicht verwundern und war ihr gutes Recht. Wir erfuhren halt einmal mehr, dass auch eine erfolgverwöhnte Elitetruppe gelegentlich Nackenschläge einstecken musste.

Jerko B., der reglos in einer Ecke lag, ließ sich widerstandslos festnehmen. Offenbar kapierte er sofort, dass es aus war für ihn. Ich gab die üblichen Anweisungen: »Opfer in Sicherheit bringen, Täter entkleiden und fesseln, Kleidung und Zünder für die Tatortarbeit vor Ort belassen.« Entgegen unseren Befürchtungen trug der Albaner nichts Gefährliches mehr am Körper: keinen weiteren Sprengsatz und keine Waffe.

Später erfuhren wir von unseren Spezialisten, wie die Bombe überhaupt hätte gezündet werden können. Es handelte sich tatsächlich um eine Aktivzündanlage, die folgendermaßen konstruiert war: Zwei Einwegfeuerzeuge und ein erhebliches Schwefelgemenge aus unzähligen Streichholzköpfen bildeten den Brandsatz, der durch einen Draht über den Kugelschreiber mit der Batterie verbunden war. Am Kugelschreiber, dem Kernstück des Zündmechanismus, hing eine Schlaufe, in die Jerko B. wohl vorsorglich einen Finger gesteckt hatte. Als der Zugriff erfolgte, zog er einfach daran, und ein Kontaktstück fiel heraus. In diesem Moment wurde die Zündung ausgelöst. Nicht vorzustellen, was alles hätte passieren können, wenn etwa die Sprengkraft der Bombe stärker gewesen wäre. Und so waren wir letztlich froh, dass uns Schlimmeres erspart geblieben war.

Obwohl an jenem Tag in der JVA Stadelheim sicherlich nicht alles nach Plan lief, fanden eine spektakuläre Geiselnahme und ein hochkomplizierter Zugriff ein glimpfliches Ende.

DER AMOKLÄUFER

Ich hatte noch unsere wilde Verfolgungsfahrt durch Schwabing, ausgelöst von einer verwirrten Geiselnehmerin, in lebhafter Erinnerung, als wenige Monate später eine ähnliche Geschichte passierte. Nur um einiges gefährlicher, weil der Täter zu allem entschlossen schien und im wahrsten Sinne des Wortes Amok lief. Dabei legte er völlig irrationale und irre Verhaltensweisen an den Tag, die ihn eher als psychisch zutiefst gestörten Menschen zeigten denn als eiskalten Killer. So oder so stellte er eine enorme Gefahr dar.

Bis zu diesem Tag, als er außer Kontrolle geriet und mehrere Unbeteiligte bedrohte, schien die Biografie des 35-Jährigen keine besonderen Merkmale oder Brüche aufzuweisen. Der Mann stammte aus Island, hatte eine qualifizierte Berufsausbildung als Baumeister vorzuweisen und war seit Jahren mit Planung und Aufbau einer großen Hotelanlage in Algerien beschäftigt. Was ihn plötzlich aus der Bahn warf, ob es mit seinem Auslandsaufenthalt oder privaten Problemen zu tun hatte, ich weiß es nicht. Auch in den Presseberichten hieß es später, dass es keine Anhaltspunkte für seine Motive gebe. Wir erfuhren lediglich, dass Interpol ihn wegen Urkundenfälschung, Diebstahls und

Betrügereien suchte und dass bereits eine rechtskräftige Verurteilung vorlag.

Jedenfalls tauchte Aron S. plötzlich bei seiner Freundin in München auf. Schon nach kurzer Zeit fiel der jungen Frau auf, dass er verändert schien. Er wirkte verschlossen, redete kaum und interessierte sich für nichts, was um ihn herum vorging. Nach drei Tagen bat er seine Freundin ohne Angabe von Gründen oder nähere Erläuterungen, ihm ein Hotelzimmer zu besorgen, doch schon nach einer Nacht zog er wieder aus, ohne zu bezahlen. Es war der Anfang von vielen sprunghaften, nicht nachvollziehbaren Entscheidungen.

Zunächst einmal verließ er das Hotel in Harlaching und fuhr in den nahen Stadtteil Giesing. Betrat dort ein offenbar zufällig ausgewähltes Haus, läutete an einer beliebigen Wohnungstür. Vor ihm stand eine ältere Frau, die Hausmeisterin des Anwesens. Wieder geschah Sinnloses. Aron S. brachte sie durch Drohungen dazu, ihm nach draußen zu folgen, versuchte ihr dort den Schlüsselbund zu entreißen, gab aber sofort auf, als der Ehemann auftauchte. Dem drückte er fast wie zur Entschuldigung einen 100-DM-Schein in die Hand und verschwand, bevor sich der andere von seiner Überraschung erholen konnte.

Als Nächstes stellte sich Aron S. einem Autofahrer in den Weg, der nach Salzburg wollte. Weil dieser sich weigerte, ihn mitzunehmen, griff er den Mann an, entriss ihm die Zündschlüssel. Verlor jedoch sofort das Interesse an dem gekaperten Wagen, warf die Schlüssel zu Boden und rannte davon, stoppte ein paar Straßen weiter ein anderes Fahrzeug. Die Sache wurde immer verrückter. Diesmal ließ er sich zur nächsten Polizeistation fahren, stieg aber dort nicht aus, sondern zog erneut einen Hunderter aus seiner Brieftasche. Für seinen »Chauffeur«, wie er sagte. Als der Autofahrer das Geld ablehnte, stieg Aron S. aus. Dass er eigentlich zur Polizei wollte, schien er vergessen zu haben. Er wechselte auf die andere Straßenseite, bog in eine kurze Straße ein und verschwand in einem Hinterhof.

Jetzt wurde er zum ersten Mal wirklich gefährlich, denn er beschränkte sich nicht länger auf verbale Drohungen. Durch eine geöffnete Tür betrat er eine ihm völlig fremde Wohnung und hielt dem Bewohner ein Messer mit einer 15 Zentimeter langen Klinge vor die Nase. Er nahm sich etwas zu essen aus dem Kühlschrank, trank ein Bier sowie einen Schnaps und zerrte dem verschreckten Mann seine braune Lederjacke vom Körper. Warum, das wusste auch später niemand zu sagen. Um Geld ging es eher nicht. Vermutlich kippte seine psychische Verfassung in diesem Moment vollends. Dazu passte, dass er sein Opfer zwang, mit ihm auf den Sims des geöffneten Fensters im Hochparterre zu steigen, das Messer unmissverständlich an dessen Hals. Zum Glück bewies der Mann in diesem Moment Geistesgegenwart und stieß den Verrückten blitzschnell vom Fensterbrett.

Zum vierten Mal an diesem Morgen machte sich Aron aus dem Staub, rannte zurück zur Straße. Dort schnappte er sich einen 57-jährigen Bibliothekar und bedrohte ihn mit seinem Messer. Ohne ihn loszulassen, ging er mit ihm zu einem gerade einparkenden Auto, einem alten Volvo, stieß die Fahrerin aus dem Wagen und schob seine Geisel auf den Beifahrersitz. Der Frau gelang es gerade noch, ihr Kleinkind vom Rücksitz zu zerren, als Aron S. auch schon den Wagen startete und davonfuhr, die linke Hand auf dem Lenkrad, die rechte mit dem Messer unverändert an der Kehle des Bibliothekars.

Inzwischen lief die Fahndung nach ihm bereits, und auch das SEK war alarmiert worden. Zahlreiche Personen, Opfer und Zeugen, meldeten sich im Laufe des Vormittags über den Notruf der Polizei und schilderten ihre Erlebnisse. Ein klares Bild kristallisierte sich allerdings nicht heraus. Schließlich entdeckte ein Streifenpolizist auf einem Motorrad das gesuchte Fahrzeug im Stadtteil Neuhausen. Der junge Mann bewies Mut und Reaktionsvermögen. Neben dem Volvo fahrend versuchte er durch das geöffnete Fenster Kontakt mit dem Isländer herzustellen. Allerdings vergeblich, denn Aron S. reagierte nicht.

Immerhin konnte der Polizist über Funk fortan Standortmeldungen durchgeben und seine Beobachtungen schildern. So wussten wir bereits, dass die Geisel ständig ein Messer an der Kehle hatte. Nur kurzfristig beim Schalten würde Aron S. die Hand wegnehmen. Zwischenzeitlich waren bereits zahlreiche Streifen bemüht, dem Fluchtfahrzeug den Weg zu versperren. Nur dass niemand wusste, wohin der Verrückte sich wenden würde. Zwei Wagenbesatzungen lagen mit ihren Vermutungen schließlich richtig und blockierten eine stark befahrene Kreuzung zwischen den Stadtteilen Neuhausen und Pasing.

Der Volvo kam zum Stehen. Erneut war die Motorradstreife zur Stelle. Der junge Polizist, der dem Geiselnehmer wie ein Schatten gefolgt war, redete noch einmal beruhigend auf den Isländer ein, wollte ihn zum Aufgeben bewegen. Inzwischen war auch der zuständige Polizeiführer zur Stelle, klinkte sich in die Bemühungen ein. Doch sobald jemand dem Fahrzeug zu nahe kam, verstärkte Aron S. den Druck mit dem Messer auf den Hals seiner Geisel.

Eine schreckliche Situation für das Opfer. Erschwerend kam hinzu, dass der Mann erst vor Kurzem einen Schlaganfall erlitten hatte und dringend Medikamente brauchte. Hilfe suchend wandte er sich flüsternd an den Motorradpolizisten, der dem Isländer die Sache auf Englisch erklärte. Überraschend für alle erlaubte er, dem Bibliothekar die Tabletten zu bringen. Weitere Zugeständnisse waren nicht drin. Eine Lösung der Geiselnahme auf dem Verhandlungsweg rückte in immer weitere Ferne.

Wir hörten über Funk die Meldungen der Polizeikollegen mit und waren daher einigermaßen im Bilde. Unser Kommandoführer hatte gleich nach der Alarmierung alle anwesenden Einsatzkräfte zusammengetrommelt. Allerdings fehlte eine ganze Gruppe – ausgerechnet die Präzisionsschützen, die man bei einer gewaltsamen Geiselbefreiung gerne in der Nähe wusste. Sie hielten sich zur Schießausbildung auf dem Truppenübungsplatz der Bundeswehr in Freising auf.

Es musste also zunächst ohne sie gehen. Die Mitglieder der Führungsgruppe, zu der ich als damaliger Leiter der Spezialeinsatzgruppen ebenfalls gehörte, versammelten sich im Einsatzraum der Dienststelle. Aber es brauchte keine großen Absprachen, jeder kannte seine Aufgabe und wusste, was er zu tun hatte. Alle schnappten sich ihre Einsatztaschen mit der kompletten Ausrüstung – Schutzweste, Helm, Waffe und Funkgerät – und eilten zu den ihnen von mir zugeteilten Fahrzeugen. Dann ging's los Richtung Pasing, entsprechend der letzten Positionsdurchsage. Unterwegs erfuhren wir, dass aus der mobilen Lage eine stationäre geworden war. Sollte uns recht sein, denn nichts ist so unkalkulierbar wie ein Zugriff auf ein fahrendes Auto.

Als wir ankamen, sahen wir den Volvo auf der Kreuzung vor einer Ampel stehen, davor die Einsatzfahrzeuge, die ihn an der Weiterfahrt hinderten. Auch der Motorradpolizist war noch da, schien aber mit seinen Annäherungsversuchen an den Geiselnehmer wenig erfolgreich. Zunächst musste ich mir einen Überblick verschaffen, während meine Leute sich bereits verdeckt aufstellten. Der Einsatzleiter war sichtlich erleichtert über unsere Ankunft. »Ihr habt freie Hand«, begrüßte er uns. »Sagt mir nur, wie ihr den Fall lösen wollt.«

Das wussten wir in diesem Augenblick selbst nicht. Natürlich gaben auch wir Verhandlungslösungen immer den Vorzug, obwohl unsere Spezialität eben die nicht friedliche Beendigung einer Geiselnahme oder einer Entführung war. Trotzdem hieß es bei uns genauso wie bei anderen Einheiten: verhandeln und noch einmal verhandeln. Wir waren froh, inzwischen einen erfahrenen Polizeipsychologen vor Ort zu wissen. Vielleicht hatte er ja mehr Glück bei Aron S.

Unabhängig davon mussten wir unseren Einsatz planen. In diesem Fall bedeutete das als Erstes, einen Notzugriffstrupp aufzustellen, der bei einer akuten Gefährdung der Geisel eingreifen sollte. Nur fehlten zu diesem Zeitpunkt Einsatzkräfte. Kein Problem, meinte unser Kommandoführer: »Du bist der Notzugriff. Du hast Erfahrung.« Mir verschlug es die Sprache, denn normalerweise besteht so ein Trupp aus mindestens acht Mann. Nun sollte ich die

Sache zur Not alleine durchziehen. Nun ja, ich schnappte mir meinen Kollegen Lothar und überlegte mir einen Notfallplan. Gleichzeitig besprachen wir die Vorgehensweise bei einem regulären Zugriff: Wir wollten die Messerhand des Isländers durch das geöffnete Seitenfenster beschießen.

Ein waghalsiges und spektakuläres Unternehmen, doch nicht unmöglich. Weil er die rechte Hand immer wieder kurz vom Hals der Geisel nahm, schien ein Präzisionsschuss durchaus denkbar. Eine Einschätzung, die der Einsatzleiter teilte. Nur waren die Präzisionsschützen, die man für eine solche Aktion brauchte und die am Schießstand ein Fünfmarkstück aus 100 Metern Entfernung trafen, noch nicht aus Freising zurück. Um später keine Zeit zu verlieren, wurden für sie einige Vorbereitungen getroffen. So bauten die Leute von der Abteilung Logistik eine provisorische Schützenstellung auf der Ladefläche des kommandoeigenen Kleinlasters auf und brachten diesen anschließend unauffällig in einem Biergarten in Stellung, der etwa 30 Meter vom Volvo entfernt auf der anderen Straßenseite lag.

Jetzt mussten nur noch unsere Schützen kommen. Leider machte uns der Geiselnehmer einen Strich durch die Rechnung. Nachdem er lange Zeit die Blockade seines Fluchtfahrzeugs widerspruchslos hingenommen hatte, forderte er plötzlich einen uniformierten Polizisten als Chauffeur an. Mit anderen Worten: Er wollte seinen freien Abzug erzwingen. Wenn wir das erlaubten, wären all unsere Planungen nichts mehr wert. Sein Wunsch nach einem Polizisten allerdings kam uns sehr entgegen und eröffnete ganz neue Perspektiven des Zugriffs. Ein anwesender Nahkampfspezialist sollte den Part des Chauffeurs übernehmen und Aron S. nicht nur überwältigen, sondern sich vorher im Austausch gegen den Bibliothekar als Geisel anbieten.

Trotzdem war ich nach wie vor nicht aus dem Rennen, musste immer noch damit rechnen, dass der unberechenbare Täter urplötzlich mit der Ermordung der Geisel drohte. Dann war ich dran. Einige Meter von dem Volvo entfernt und durch die Verhandlungsgruppe verdeckt lief ich auf und ab, während mein Kopf auf Hochtouren arbeitete. Wie sollte ich den Notzugriff durchführen, falls die wirklich schlechteste aller denkbaren Möglichkeiten eintrat? Und vor allem: Wie konnte ich bei diesem verwirrten Mann die Tötungsabsicht überhaupt eindeutig erkennen? Gut möglich, dass es in diesem Moment bereits zu spät war. Schließlich musste man den bisherigen Erfahrungen nach mit einem völlig spontanen Entschluss rechnen. Unentwegt dachte ich nach, versuchte jedes denkbare Risiko und jede mögliche Reaktion des Geiselnehmers auszuloten, hielt vorsorglich den Griff der Pistole in meiner rechten Hosentasche umklammert und ärgerte mich, weil ich ausgerechnet heute eine enge Hose trug. Wenn er genau hinschaute, würde Aron S. die Ausbeulung durch die Waffe deutlich sehen.

Half nichts, würde schon gehen, machte ich mir Mut und hielt die Finger weiterhin am Abzug der Heckler & Koch, konzentrierte mich auf den Schusswinkel. Falls es plötzlich losging mit dem Einsatz, wäre es nämlich für solche Überlegungen zu spät. Da musste jede Bewegung sitzen, durfte kein Fehler passieren. Sonst nahm das Drama womöglich ein schreckliches Ende.

Um den optimalen Schusswinkel zu bestimmen, unterzog ich das Auto einer genauen Musterung. Das dreieckige Ausstellfenster störte mich, weil der Aluminiumrahmen das Geschoss eventuell ablenken konnte. Ich malte mir aus, was in solch einem Fall passierte. Traf dann das Projektil womöglich das Opfer?

Genauso unerfreulich fand ich den Gedanken, der Isländer könnte das geöffnete Seitenfenster wieder hochkurbeln. Die Scheibe würde bei Beschuss in Tausende Teile zersplittern, die schwere Verletzungen anrichten konnten, aber am gefährlichsten war auch hier eine Ablenkung des Projektils. Lauter Fragen und kaum Antworten. Was wäre wenn, was musste ich bedenken? Was, was, was ...

Eine Meldung riss mich aus meinen Grübeleien. Über Funk – ich trug einen Empfänger im Ohr – hörte ich, dass das Schussfeld geräumt werden sollte, weil die Präzisionsschützen gerade Stellung bezogen. Ich war erleichtert, obwohl ich wusste, dass sich die Sache trotzdem noch hinziehen konnte. Schließlich musste die Erlaubnis zum Schießen erst einmal durch die Einsatzleitung freigegeben werden. Ich nahm meine ruhelosen Wanderungen erneut auf, und zunehmend machte sich in mir ein ungutes Gefühl breit. Auch wenn es meine vorrangige Aufgabe war, das Leben der Geisel zu retten, so bereitete mir die Vorstellung, den Isländer töten zu müssen, Unbehagen.

Urplötzlich schrie die Geisel auf, es folgte ein Stöhnen. Ich sah, wie vor mir der Psychologe die Hände hochriss. Er schrie: »Helft ihm!« Und ich registrierte, wie Aron S. sich offenbar zu allem entschlossen über die Geisel beugte, das Messer drohend in der Hand. Trotz aller Professionalität brach so etwas wie Panik aus. Notarzt und Sanitäter, die bislang neben dem Polizeipsychologen gestanden hatten, wichen zurück. Dann war ein Wimmern zu hören: Der Geiselnehmer setzte das Messer im oberen Schulterbereich seines Opfers an, um die Weichteile in Richtung Herz zu durchstechen.

Entsetzen, Angst, Schrecken fielen von mir ab. Ich wusste, jetzt musste ich handeln, denn genau das war die Situation für einen Notzugriff, in der nicht mehr lange nach der besten Schussposition gesucht werden konnte. Sofort, auf der Stelle war mein Eingreifen gefordert, sonst würde die Geisel vermutlich sterben. Ich zog die Waffe, machte zwei große Schritte nach vorne, beugte mich über den Fensterrand und drückte zweimal ab, alles innerhalb von Sekunden. Nur gedämpft vernahm ich die Schüsse.

Anschließend wurde es still, totenstill fast. Zumindest empfand ich das so. Ein Kollege rief: »Notarzt!«, während ein anderer die Geisel aus dem Fahrzeug zog. Der Bibliothekar stand sichtlich unter Schock und hatte sich eine Schnittverletzung zugezogen, als er sich in Todesangst gegen das Messer wehrte. Zwei andere meiner Leute fixierten durch das geöffnete Fenster die Hände des Täters. Vorsorglich. Dass er handlungsunfähig war, hatte ich gleich nach Abgabe der Schüsse gesehen. Nicht allerdings, wie schwer verletzt er war und dass er kaum noch atmete. Der Notarzt riss ihm das Hemd vom Leib, begann mit der Reanimierung, doch er starb, bevor der Krankenwagen die Klinik erreichte.

Ich stand benommen neben dem Volvo, die Pistole in der Hand, reichte fast automatisch einem Kollegen meine Waffe zur Sicherstellung. Ich weiß nicht einmal mehr, um wen es sich handelte. Wie durch eine Nebelwand hörte ich eine Stimme: »Gut gemacht!« Ja, schon und zugleich nicht! Natürlich freute ich mich, dass die Geisel unversehrt befreit werden konnte, aber der Rest? Das blieb immer eine schwierige Geschichte. Ich erinnere mich, dass ich meine Entscheidung zu begründen versuchte, weil es aus meiner Sicht keine Alternative zum finalen Rettungsschuss gegeben habe. »Ich glaube, dass sich der Täter in der Schlussphase seitlich auf die Geisel zudrehte und sie zu töten versuchte«, sagte ich zu meinem Chef. Was der Bibliothekar übrigens später bei seiner Vernehmung bestätigte. Er sagte aus, Aron S. habe ihm kurz vor dem Zugriff erklärt, dass er sterben müsse, und so sei er unendlich erleichtert gewesen, als der Druck um seinen Hals nach den Schüssen plötzlich nachließ.

Noch auf dem Weg zurück zur Dienststelle spulte ich die Ereignisse in meinem Kopf ab wie einen Film, bei dem man eine Sequenz ständig wiederholt. Objektiv gesehen bestanden keine Zweifel. Meine Vorgehensweise war absolut korrekt und entsprach genau dem, was in einer solchen Situation von uns erwartet wurde: Das Leben eines unschuldigen Menschen grundsätzlich zu schützen, wie es auch im Grundgesetz verankert ist. Juristisch also einwandfrei, und die Frage nach der Rechtmäßigkeit des Handelns war schnell abgehakt. Was blieb, das waren die psychische Belastung und das eigene Gewissen.

40 STUNDEN NERVENKRIEG

Rückblickend erscheint es mir, als sei das damals der Herbst der Geiselnahmen in München gewesen, denn etwa drei Wochen nach dem gefährlichen Amoklauf bekamen wir es mit der nächsten Geiselnahme zu tun.

Allerheiligen stand bevor, ein Feiertag, der in Bayern mit einer Woche Schulferien verbunden ist, und die ganze Familie freute sich bereits auf einen Kurzurlaub in Südtirol. Meine beiden Kinder packten schon eifrig ihre Sachen, denn wir wollten am nächsten Morgen ganz früh über den Brenner Richtung Italien starten. Seit Jahren verbrachten wir immer wieder zwischen Bozen und Meran erholsame Wandertage, genossen das um diese Zeit südlich des Alpenhauptkamms meist schöne Wetter und die gute Südtiroler Küche. Doch es sollte anders kommen. Wieder einmal.

Kurz nach eins in der Nacht ertönte das schrille Pfeifen meines Alarmgeräts. Obwohl ich keine Hausbereitschaft hatte, war der Empfänger eingeschaltet. SEK-Angehörige sollten stets erreichbar sein, insbesondere natürlich die Führungskräfte. Anders als die Hausbereitschaft, die mindestens 14 Mann umfasste und innerhalb einer Stunde parat zu stehen hatte, konnte ich mir zum Glück etwas mehr Zeit lassen. Dachte ich zumindest.

Nicht aber in diesem Fall. Als ich noch schlaftrunken zum Telefon griff, hatte es der Polizist am anderen Ende sehr eilig: »Geiselnahme, sofort Dienststelle anfahren! Weitere Details später«, rief er nur kurz und legte schon wieder auf, um andere Kollegen zu benachrichtigen. Inzwischen war meine Frau ebenfalls wach. »Wird wohl nichts mit dem Urlaub?«, fragte sie. »Da werden die Kinder sehr enttäuscht sein.« Ich auch, doch der Dienst ging vor. Wer das nicht akzeptierte, durfte diesen Job nicht machen. Schnell anziehen, Wagen aus der Garage holen, den knappen Kilometer zur Dienststelle fahren – Abläufe, die mir nach fast zehn Jahren beim SEK inzwischen in Fleisch und Blut übergegangen waren. In meinem Büro angekommen ließ ich mir vom diensthabenden Nachtbeamten die Situation schildern und telefonierte mit dem Leiter der Einsatzzentrale im Polizeipräsidium.

Was war geschehen? Bereits am Abend des Vortags hatte der 49-jährige Ludwig H. seine ehemalige Freundin Angelika N. und deren Freundin Julia R. aus unbekannten Gründen als Geiseln genommen und bedrohte beide Frauen mit einer Faustfeuerwaffe. Eine halbe Stunde nach Mitternacht gelang Julia R. die Flucht aus dem Apartment im Hochparterre eines großen Wohnblocks im Münchner Stadtteil Gern, und sie alarmierte die Polizei.

Gleich nach Eingang der Meldung fuhren die ersten Streifenwagen los, um den Wohnkomplex weiträumig und vom Täter ungesehen zu umstellen. Dann hatte das Warten auf die Spezialisten Priorität. Trotz des Feiertags kam übrigens eine beachtliche Mannschaft zusammen, fast 40 unserer Leute erschienen in jener Nacht auf der Dienststelle. Ich nahm kurz die Einteilung vor, fuhr dann mit einer Gruppe zum Tatort und stand bereits kurz vor zwei mit den Notzugriffskräften bereit. Mein Chef, der weiter außerhalb wohnte, wollte direkt zur Einsatzleitstelle kommen. Vor Ort trafen wir bereits den für die Gesamteinsatzleitung zuständigen Polizeidirektor an, und mit ihm besprachen wir in einer provisorisch eingerichteten Befehlsstelle die Taktik. Oberstes Gebot, sagte er, sei es, mit dem Täter über ein Aufgeben zu verhandeln. Während wir noch über Details diskutierten, trudelten bereits die ersten Mitglieder der Verhandlungsgruppe ein, darunter ein Diplompsychologe.

Trotzdem musste auch eine gewaltsame Befreiung vorbereitet werden. Es blieb dabei, dass ich in dem Augenblick einen Notzugriff starten sollte, wenn Ludwig H. ernsthaft mit Erschießung oder Verletzung der Geisel drohte. Oder für den Fall, dass sich unvermutet eine günstige Gelegenheit bot, ihn außer Gefecht zu setzen. Etwa wenn er mit seinem Opfer die Wohnung verließ. Ich beauftragte meinen Kollegen Moritz damit, einen Grundriss von der Wohnung des Täters zu beschaffen, während ein anderer, der Erich, mit den Bewohnern des darüberliegenden Apartments reden sollte, ob sie der Polizei die Wohnung zur Verfügung stellten. Mitten in der Nacht. Aber die Mieter waren sowieso munter geworden und liefen unruhig und neugierig im Treppenhaus herum. Meine Leute scheuchten sie zurück in ihre Wohnungen. Nicht auszudenken, wenn Ludwig H. herauskam und sich weitere Geiseln schnappte.

Inzwischen hatte eine bis an die Zähne bewaffnete Gruppe in voller Montur im Treppenhaus Position bezogen, weitere Einsatzkräfte richteten sich gerade in der schnittgleichen Wohnung im ersten Stock ein, und zwei

Kollegen hielten sich für Kurierdienste bereit. Für den Fall etwa, dass der Geiselnehmer Forderungen stellte. Währenddessen arbeitete ich mit anderen aus der Führungsriege an einem planmäßigen Zugriff.

Auch draußen wurden meine Leute aktiv, denn eines war klar: Diese Geschichte war einzig und allein Aufgabe des SEK. Die Polizisten, die anfangs das Gebäude umstellt hatten, wurden abgelöst, und eine Gruppe von Präzisionsschützen hielt nach geeigneten Positionen Ausschau. Die Balkone schräg gegenüber der Täterwohnung schienen uns die beste Wahl zu sein, und zum Glück ließen alle Bewohner uns trotz der nächtlichen Stunde herein. Verdeckt von Blumenkästen und Balkonmöbeln gingen die Schützen also in Stellung, Aufmerksamkeit und Waffen auf das Fenster von Ludwig H.s Apartment gerichtet. Sie sollten in erster Linie einen Zugriff unterstützen, sich aber zugleich auf den Extremfall, den finalen Rettungsschuss, vorbereiten.

Nachdem sämtliche SEK-Leute verplant waren, konnten wir nur hoffen, dass keine Sonderaufgaben mehr anfielen. Und falls eine Ablösung erforderlich würde, mussten wir die Nürnberger Kollegen bitten. Eine Vorwarnung ging vorsorglich raus, denn die Münchner Personaldecke war völlig ausgereizt. Leider erwies sich der Geiselnehmer als völlig resistent gegenüber allen Anstrengungen der Verhandlungsgruppe, dachte gar nicht daran aufzugeben, drohte stattdessen plötzlich mit Sprengstoff. Behauptete, dass er damit sogar die Wohnungstür präpariert habe.

Wir waren ratlos. Was ging in dem Menschen vor? Ich suchte die Wohnung im ersten Stock auf, um mir ein Bild von der Lage zu machen. Dort herrschte absolute Stille, selbst ein Husten wurde unterdrückt, alles lauschte nur gespannt auf Geräusche von unten. Dann plötzlich ein Schuss. Und gleichzeitig spürten wir einen dumpfen Schlag gegen den Fußboden, auf dem wir kauerten. Offensichtlich hatte H. auf die Zimmerdecke gefeuert. »Was ist los?«, kam über Funk die Frage der Einsatzleitung, wo man den Schuss ebenfalls gehört hatte. Anschließend, nachdem ich unseren Eindruck wiedergegeben hatte, der Befehl: »Kein Zugriff! Nichts überstürzen!«

Wir hielten uns also zurück, nicht aber der Geiselnehmer. Ludwig H. begann Forderungen zu stellen. »He, ihr besorgt mir ein zweites Telefon, sonst schieß ich durch die Tür. Außerdem will ich was zum Essen, Getränke, Zigaretten und einen Fernseher.« Der Verhandlungsgruppe diktierte er die Übergabemodalitäten. Wozu ein zweites Telefon? Wir vermuteten, dass ihn über den regulären Anschluss findige Reporter belästigten, die Wind von der Sache bekommen und seine Rufnummer herausgesucht hatten. Die Presseleute waren manchmal schneller vor Ort als die Polizei.

In den frühen Morgenstunden, noch im Dunkeln, erfolgte die Übergabe der gewünschten Sachen. Nur die Lampe am Hauseingang beleuchtete die Szene. Die Geisel ließ eine Tasche an einer Schnur nach unten, einer unserer Männer steckte Feldtelefon und Zigaretten hinein und gab mit einer Handbewegung das Zeichen zum Hochziehen. Die Präzisionsschützen von gegenüber meldeten uns Einzelheiten, denn niemand von uns außer dem Unterhändler war nahe genug dran. »Fenster einen Spaltbreit geöffnet, Täter verdeckt hinter Vorhang, bedroht Geisel mit Pistole. Schließt Fenster.« Dann das Ganze noch einmal. Wieder öffnete sich das Fenster, wieder erschien die Tasche, wieder packte unser Mann etwas hinein, diesmal Wurstsemmeln und Mineralwasser.

Schließlich fehlte als Einziges der Fernseher, und auf dessen Übergabe setzten wir unsere ganzen Hoffnungen, darauf basierte ein in aller Eile gefasster Plan. Unser Mann sollte die Geisel bei der Übergabe des Fernsehers am Arm packen und regelrecht über das Fensterbrett nach draußen ziehen. Wenn er sich streckte und die Frau ihm möglichst weit mit ihrer Hand entgegenkam, könnte die Taktik durchaus aufgehen. Und falls H. die Finte durchschaute und zur Waffe griff, waren da ja noch die Präzisionsschützen.

Der Einsatzleiter gab sein Okay. Nun musste es schnell gehen. Unser »Unterhändler« wurde ausgetauscht, ersetzt durch einen Mann der absoluten Spitzenklasse und wie geschaffen für einen solchen Einsatz. Groß, kräftig und mit hervorragenden Nahkampferfahrungen. Das Fernsehgerät auf der Schulter begab er sich schnurstracks unter das Fenster im Hochparterre und stemmte das Gerät nach oben, wo die Geisel bereits wartete.

Die nächsten Sekunden würden die Entscheidung bringen. Schon langte Angelika N. nach dem Fernseher und unser Spezialist nach ihrer Hand. Vergeblich. Es fehlten rund 30 Zentimeter, denn die Frau erkannte nicht die Absicht und streckte unserem Mann nicht die Hand entgegen. Die Chance war vertan. Täter und Geisel verschwanden hinter dem Vorhang, man sah noch, wie das Fenster zugedrückt und der Griff gedreht wurde. Das war's.

Langsam dämmerte der Tag, und die Gespräche zwischen Verhandlungsgruppe und Täter schienen einzuschlafen.

Bis gegen zehn gemeldet wurde, dass es eine neue Forderung gebe. H. verlangte jetzt eine Million Mark und einen Wagen. Eine neue Situation für die Einsatzleitung und die SEK-Kräfte. Wie immer in solchen Fällen kam jetzt das Mobile Einsatzkommando ins Spiel, um einen eventuell notwendig werdenden Zugriff während der Flucht vorzubereiten. Vor allem aber würde es Aufgabe des MEK sein, das Fahrzeug unbemerkt zu verfolgen. Und zur Stelle zu sein, falls Ludwig H. seine Geisel freiließ. So etwas geschah gar nicht selten, sobald ein Täter sich in Sicherheit wiegte.

Wie nicht anders zu erwarten fanden sich im Laufe des Vormittags immer mehr Journalisten ein, die gegen Mittag im Hinterhof des Wohnkomplexes vom Pressesprecher der Polizei über die Lage informiert wurden. Plötzlich ein Schuss, der alle zusammenzucken ließ, gefolgt von vier weiteren. Panik brach aus. Die Zeitungsleute sprangen wie eine wild gewordene Schafherde auseinander und suchten Schutz hinter Hecken und Bäumen. Schon meldete ein Außenposten, er habe aus dem Badezimmer Mündungsfeuer aufblitzen sehen. Wir schauten uns verwundert an. Dort gab es doch bloß einen schmalen Lüftungsschlitz am Deckenrand. Um gezielt zu schießen, reichte das nicht. Wohl aber, um wahllos fünfmal in Richtung der Journalisten abzudrücken. Das hatten wir nicht ins Kalkül gezogen und waren gottsfroh, dass niemand getroffen worden war.

Durch Schaden wird man klug, und als meine Leute von der Außensicherung auch noch eine Patronenhülse Kaliber 9 x 19 mm fanden, waren wir noch ein bisschen klüger. Ludwig H. besaß eine halb automatische Waffe und nicht bloß eine Attrappe oder Schreckschusspistole. Damit entstand für die Beurteilung der Lage eine neue Ausgangsbasis. Der Polizeiführer war hin- und hergerissen, schwankte zwischen Abwarten und Beenden, unser Kommandoführer drängte auf die Freigabe des finalen Rettungsschusses, während die Psychologen nach wie vor auf den Zermürbungseffekt setzten. Sie gingen immer noch davon aus, den Geiselnehmer zur Aufgabe überreden zu können.

Nach langen Beratungsgesprächen, bei denen niemand leichtfertig argumentierte, entschied sich der Einsatzleiter schließlich für die Freigabe des Rettungsschusses. Wie immer in solchen Fällen unter der Bedingung, dass die Geisel nicht zusätzlich gefährdet wurde. Die Gesamtumstände sprachen für diese Entscheidung. Seit beinahe 20 Stunden bedrohte H. nunmehr die Frau, schien zu allem entschlossen und forderte überdies Geld und ein Fluchtfahrzeug. Schoss in der Wohnung herum und ballerte willkürlich nach draußen, gefährdete also mit voller Absicht Unbeteiligte. Was musste noch alles passieren, bevor man sich zu einer Beendigung entschloss? Notfalls eben durch einen finalen Rettungsschuss.

Die Stunde der Präzisionsschützen war gekommen, aber ohne freies Schussfeld ging nichts. Die Sicht auf den Täter blieb schemenhaft, offenbar hielt er sich bewusst vom Fenster fern und schob gerne die Geisel vor sich her. Völlig unmöglich, auf ihn zu schießen. Ebenso aussichtslos war es, die Wohnungstür aufzubrechen. Schließlich ließ sich nicht ausschließen, dass er dort wirklich eine Sprengladung angebracht hatte. Es wäre das Ende für Angelika N. und die Zugriffskräfte. Mit anderen Worten: Uns waren die Hände gebunden.

Und diese Situation wollte und wollte sich nicht ändern. Es war ein zermürbendes Warten. Viele unserer Leute waren bereits an die 17 Stunden vor Ort, und die Tatsache, dass Ludwig H. seit Stunden nicht mehr auf Anrufe reagierte, hob die Stimmung nicht gerade. Alle fühlten sich deprimiert und ausgelaugt, sehnten endlich die Aktion, den Befreiungsschlag herbei.

Nichts geschah. Stattdessen traf gegen 17 Uhr die Ablösung vom SEK Nordbayern ein, und uns blieb nichts anderes übrig, als das Feld zu räumen und ausgeruhten Männern Platz zu machen. Allerdings nicht Knall auf Fall, sondern die Neuformierung dauerte ihre Zeit. Schließlich mussten die Nürnberger Kollegen eingewiesen werden. Gegen 20 Uhr durften wir endlich nach Hause. Einerseits erleichtert, weil die Batterien wirklich leer waren, andererseits mit Bedauern, weil man die Sache gerne selbst zum Abschluss gebracht hätte. Allerdings rechneten wir bereits damit, am nächsten Tag gegen Mittag erneut den Einsatz zu übernehmen. Diese Geiselnahme entwickelte sich wie es schien zu einem wirklichen Marathon.

Tatsächlich passierte zunächst wenig, zumindest nichts Entscheidendes. Während der Nacht versuchte man H. durch Störgeräusche und ständiges Telefonklingeln weichzukochen, doch am frühen Morgen wirkte er erstaunlich frisch, verlangte Frühstück und Getränke.

Der Zeitpunkt der Ablösung rückte näher. High Noon. Ludwig H. forderte weitere Getränke. Der Überbringer wurde angewiesen, die heruntergelassene Tasche so langsam wie möglich zu füllen. Vielleicht ließ er sich dadurch provozieren und zeigte sich am Fenster. Und im Zielfernrohr der Präzisionsschützen. Aus sicherer Entfernung beobachtete ich das Prozedere. Mit den fränkischen Kollegen war vereinbart, dass wir anschließend übernehmen sollten. Wie immer beugte sich die Geisel leicht aus dem Fenster und wartete, während unten umständlich und langsam die Tasche bepackt wurde. Dann das Zeichen zum Hochziehen. Angelika N. zog die Tasche nach oben, hob sie über das Fensterbrett, alles wie gehabt. Und dann – uns stockte der Atem – bückte sie sich plötzlich und gab den Blick auf Ludwig H. frei. Nur ein paar Sekunden, doch einer der Präzisionsschützen reagierte blitzschnell. Er hatte den Geiselnehmer bereits zuvor in vagen Umrissen durch sein Zielfernrohr ausgemacht und mit dem Fadenkreuz markiert. Das Projektil durchschlug mit einer Geschwindigkeit von etwa 800 Metern in der Sekunde den Kopf des Mannes. Wie ein Gummiball wurde H. nach hinten geschleudert und blieb in der Zimmerecke tödlich getroffen liegen, umgeben von Abfall und schmutzigem Geschirr.

Unmittelbar darauf sprangen die Einsatzkräfte aus dem Apartment im ersten Stock auf das Vordach des Hauseingangs, drangen durch das geöffnete Fenster ins Wohnzimmer ein. Andere kamen über Leitern, führten endlich die Geisel nach draußen, nachdem sich die Sprengsätze an der Wohnungstür als Bluff erwiesen hatten. Ein Psychologe kümmerte sich sogleich um die von den Strapazen sichtlich gezeichnete junge Frau, stülpte ihr seinen Pullover über den Kopf, um sie vor dem Blitzlichtgewitter der Fotografen zu schützen. Die bisher längste Geiselnahme in Bayern war zu Ende.

Das Motiv des Täters konnte nie eindeutig geklärt werden. Der Mann war arbeitslos und überdies kein unbeschriebenes Blatt, vorbestraft wegen Raubes und Körperverletzung. Offenbar glaubte er nichts mehr zu verlieren zu haben und hoffte auf einen großen Coup, um sich aus seiner Misere zu befreien. Aber ein richtiger Profigangster war er eben nicht.

Außerdem schien es uns im Nachhinein fast, als habe er seinen Tod regelrecht herausgefordert. Keine leichte Sache für den Polizeiführer, der den finalen Rettungsschuss freigab, und ebenfalls nicht für den Schützen. Beide quälten sich noch lange mit der Frage herum, ob ihre Entscheidung richtig oder angemessen gewesen sei. Doch, das war sie, denn immerhin retteten sie das Leben der Geisel. Trotzdem konnte ich ihre Selbstzweifel nur zu gut verstehen, und verglichen damit empfand ich den ausgefallenen Kurzurlaub in Südtirol als eher untergeordnetes Problem.

BERGUNG EINER TOTEN KRÄHE

Es klingt verrückt und scheint mit den Aufgaben eines Spezialeinsatzkommandos rein gar nichts zu tun zu haben. Hat es aber, so widersinnig es sich auch anhören mag. Nur erschließt sich des Rätsels Lösung erst auf den zweiten Blick und hängt zusammen mit einer besonderen Spezialität unserer Einheit: Einsätze vom Hubschrauber aus.

Es war Sommer und die Hitze schier unerträglich. Ich saß bei weit geöffnetem Fenster in meinem Büro, denn Klimaanlagen gab es in dem alten Gebäude nicht, und stellte zusätzlich einen Ventilator an. Jetzt irgendwo draußen an einem See liegen! Alles war besser als das hier. Als hätte ein guter Geist meine stumme Bitte erhört, klingelte das Telefon.

Einsatz!

»Könnt ihr euch vorstellen, eine tote Krähe von einer Kirchturmspitze herunterzuholen?«, hörte ich den Kollegen von der Einsatzzentrale fragen. Machte der Witze, dachte ich unwillkürlich und verstand zunächst nicht, warum wir gefragt wurden. »Wie bitte? Was sollen denn wir da?«

»Hör zu«, meinte der Xaver, ein gemütlicher Urbayer. »Es ist eine verrückte Geschichte. Ein Pfarrer hat folgendes Problem: Eine Krähe hat sich im Kreuz seiner Kirche verfangen, und bei jedem Windstoß blähen sich die

Flügel. Bigotte Kirchgänger sprechen schon vom Teufel, der ein Zeichen gibt. Natürlich hat er sich zuerst an die Berufsfeuerwehr gewandt, doch die sehen keine Chance, an den Vogel heranzukommen. Der Kirchturm ist viel zu spitz. Aber denen ist eingefallen, dass eure Leute an einer nachgebauten Hubschrauberplattform in einer Feuerwache das Abseilen üben, und sie haben dem Pfarrer diesen Tipp gegeben. Und der wurde nun von der Vermittlung an mich weitergeleitet. Also, was ist? Macht ihr das? Dürfte für euch eigentlich kein Problem sein.«

Ich überlegte. Schon richtig, denn das Abseilen aus dem Hubschrauber beherrschten wir aus dem Effeff. Mit einer Kirchturmspitze als Landefläche hatten wir allerdings keine Erfahrung. Bestimmt wären unsere Vorgesetzten im Innenministerium nicht erfreut, wenn sich jemand bei einem obskuren Einsatz verletzte, für den wir nicht wirklich zuständig waren. »Was sagt denn das Ministerium dazu?«

»Das muss ich noch klären, ob die ihr Okay geben«, beschied mich der Xaver und fügte hinzu: »Aber vielleicht kannst du derweilen schon mal mit der Hubschrauberstaffel reden.« Ich musste grinsen, aber so langsam gefiel mir der Gedanke. Wenn jemand das machen konnte, dann wir. Schließlich trainierten wir sogar drei verschiedene Varianten: Absetzen, Abgleiten und Abseilen. Beim Absetzen springen bis zu vier Männer gleichzeitig von den Kufen aus bis zu zwei Metern Höhe ab. Das Abgleiten erfolgt aus einer Höhe bis zu zwölf Metern an einem entsprechend langen Tau, während aus noch größerer Höhe abgeseilt wird: Jeweils vier Männer stehen dann angeseilt auf den Kufen des Hubschraubers und lassen sich, wenn alles passt, rückwärts in das 45-Meter-Seil fallen, das durch eine

Bremsvorrichtung läuft. Mithilfe eines Hebels kann man das Tempo selbst bestimmen, und lässt man den los, wird automatisch gebremst. »Totmannsicherung« nennt man das. Obwohl bei genauer Beachtung aller Sicherheitsvorkehrungen nichts passieren sollte, kam es immer wieder zu Unfällen. Ein Kollege sauste ungebremst zu Boden, weil er den Hebel versehentlich auf Fahrt stellte, und zog sich eine Beckenprellung zu. Ein anderer wurde im Hubschrauber zu früh ausgeklinkt und stürzte acht Meter in die Tiefe, zum Glück auf eine Wiese. Trotzdem erlitt er einen komplizierten Handgelenksbruch sowie Hüftprellungen.

Das Abseilen aus Hubschraubern wurde seinerzeit insbesondere von der GSG 9 forciert, um Einsatzkräfte auch in unwegsamem Gelände oder auf Schiffen, Plattformen, Hausdächern und so weiter absetzen zu können. Eine für die neu gegründeten Spezialeinsatzkommandos der Polizei interessante Technik, die als erstes Bundesland die Baden-Württemberger übernahmen. Bayern, das nicht zurückstehen wollte, schickte je einen Vertreter der beiden SEKs zum Lehrgang nach Göppingen. Für Südbayern nahm ich daran teil. Die Wahl fiel nicht nur wegen meiner damaligen Position als Leiter der Aus- und Fortbildung auf mich, sondern weil ich als erfahrener Alpinist gewisse Grundvoraussetzungen für einen solchen Job mitbrachte. Nicht jeder eignete sich dafür, trotz der extrem harten Ausleseverfahren beim SEK. Am Ende waren es 24 Spezialisten, die auf solche Eventualitäten vorbereitet wurden.

Jetzt also sollten wir eine Krähe von einer Kirchturmspitze holen. Der Ausbildungsleiter der Hubschrauberstaffel war nicht gerade begeistert von dem Vorhaben, konnte aber nicht ablehnen, weil inzwischen das Ja aus dem Ministerium vorlag. Bayern ist halt ein gottesfürchtiges Land. Gemeinsam mit meinem engsten Mitarbeiter Martin besichtigte ich den Tatort, eine Kirche im Münchner Norden, und besprach anschließend den Einsatz mit den Männern der Hubschrauberstaffel. Der Turm der Kirche war wirklich verdammt spitz, und das würde eine haarige Angelegenheit.

Immerhin bekamen wir den besten Piloten und übten zunächst einmal über einem alten Telegrafenmast in der Nähe des Bundeswehrplatzes Neubiberg. Extremkletterer Martin hing am Seil, während ich neben dem Piloten in Flugrichtung rechts auf den Kufen stand, um ihn einzuweisen. Da der Jochen den unter der Maschine hängenden Kollegen nicht sehen konnte, musste er sich komplett auf mich als Einweiser verlassen. Erschwerend kam hinzu, dass es nach fünf bis zehn Metern Seilausgabe jedes Mal zu einer Pendelbewegung kam. Schuld daran waren der Rotor und die Eigendynamik des am Seil hängenden Körpers.

Was nun? Das Seil einfach verkürzen? Schwierig, denn dann müsste der Hubschrauber tiefer gehen und touchierte womöglich mit den Kufen das Kreuz. Stundenlang übten wir die Aktion, ohne das Dilemma grundsätzlich zu lösen. Allerdings glaubte Martin, dass es ihm gelänge, schnell die Krähe wegzureißen, bevor die Pendelbewegungen einsetzten. Am Boden besprachen wir nochmals den Ablauf des Einsatzes. Anfliegen, Höhe über dem Kreuz austarieren, exakt einweisen, schnell abseilen, den Vogel greifen und die Maschine sofort hochziehen, bevor Martin gegen das Kreuz schlug.

»So machen wir das«, sagte ich.

Als wir auf unserem Startplatz im Englischen Garten eintrafen, warteten bereits ein Fernsehteam und mehrere Zeitungsreporter samt Fotografen. Offenbar hatte sich die geplante Aktion in Windeseile herumgesprochen, und die Leute schwirrten mit ihren Kameras um uns herum, während wir in den Hubschrauber stiegen. Ein wenig aufgeregt war ich schon. Würde es klappen? Hoffentlich, denn blamieren wollten wir uns schließlich nicht.

Noch einmal überprüften wir gegenseitig unsere Sicherungen. Waren die Karabiner in die Abseilplattform eingehängt? Lief das Seil exakt durch die Bremsvorrichtung? Saß der Sicherheitsgurt? Mehrfach checkten wir durch, bevor ich dem Jochen das Zeichen zum Abheben gab. Um das Gewicht niedrig zu halten und die Manövrierbarkeit zu steigern, war niemand sonst dabei, auch nicht der normalerweise mitfliegende Bordwart. Martin stand vorne links und ich vorne rechts auf den Kufen. Langsam schraubte sich der Hubschrauber hoch, als hätte er eine schwere Last zu tragen. Erst nach etwa zehn Höhenmetern zog der Pilot die Maschine nach vorne, beschleunigte und flog über die Baumwipfel des Englischen Gartens in nördlicher Richtung davon. In einer kreisenden, spiralförmigen Bewegung näherten wir uns von oben der Kirchturmspitze – und standen schließlich etwa 20 Meter über dem Kreuz.

Mehrmals zeigte ich mit dem Daumen nach unten. Ein Zeichen, dass Jochen tiefer runter musste, ohne den Standort unmittelbar über dem Kreuz zu verlassen. Er hatte sich einen Fixpunkt ausgesucht, den er ständig im Auge behielt. »Weiter, weiter nach unten«, wies ich ihn ein. Martin war jetzt sprungbereit, lehnte sich bereits fast 90 Grad über seine Kufe hinaus, etwa sechs Meter unter ihm das Kreuz. Dann ging es Schlag auf Schlag. Ich gab das Signal für den Beginn der Aktion, und schon hing Martin unter der Maschine, erreichte dynamisch abseilend das Kreuz, streckte die Hand nach der Krähe aus, griff daneben. Er versuchte es erneut, diesmal mit Erfolg. Dafür setzten jetzt unvermittelt die gefürchteten Pendelbewegungen ein, und er musste sich mit dem Fuß vom Kreuz abstoßen. Schon zog Jochen die Maschine auf ein Zeichen von mir hoch, die Gefahr war gebannt, und sicher landeten wir kurz darauf im Englischen Garten.

Ein gefundenes Fressen für die wartenden Medienvertreter. Einer unter dem Hubschrauber am Seil, einer auf den Kufen stehend. Alles wurde gefilmt und fotografiert, einschließlich toter Krähe. Zum Schluss noch ein kurzes Interview, bei dem es um die Schwierigkeiten des Einsatzes ging, dann Ausrüstung packen und im Auto zurück zur Dienststelle.

Bevor wir losfuhren, schaute ich noch einmal nach oben. O Gott, das Kreuz stand schief. Keiner hatte es gemerkt. Offensichtlich war es passiert, als Martin sich mit dem Fuß abstützte. Eine peinliche Sache, denn das würde Hochwürden und seinen Schäfchen genauso wenig gefallen wie die tote Krähe. Was nun? Ich beschloss, von meinem Büro aus den Piloten anzurufen und ihm von dem Missgeschick zu berichten. »Wir werden das Kreuz geradebiegen«, meinte der Jochen spontan. »Du kommst gegen Abend zur Staffel, und nach Einbruch der Dunkelheit fliegen wir nochmals die Kirche an. Das sollte aber niemand mitbekommen.«

Und so machten wir es. Spätabends starteten wir erneut, unter uns die Lichter der Stadt. Eile war geboten, denn schon hörten wir über Funk die Durchsage »Unbekanntes Flugobjekt über München«. Ohne eine Meldung abzusetzen, flogen wir weiter. Jochen dirigierte die vordere rechte Kufe an das verbogene Kreuz heran und schob es in die Senkrechte zurück. Ein gewagtes Unternehmen, doch nach dem zweiten Anstupsen stand das Kreuz exakt so, wie es stehen sollte. Niemand bekam etwas mit, und wir lachen noch heute über die Geschichte.

Die ganze Aktion, Krähe wie Kreuz, war letztlich eine tolle Übung für uns und eine fromme Tat dazu. Wir optimierten sie zusätzlich, indem wir die kleine Spende des Pfarrers in seinen Opferstock steckten und somit zwei gute Werke an einem einzigen Tag vorweisen konnten.

DER SCHIESSWÜTIGE BARON

»Einsatz! Ein 40-jähriger Mann hat auf zwei Polizeibeamte geschossen. Sofort raus zum Ammersee. Näheres dann über Funk.«

Die Stimme unseres Kommandoführers riss mich aus meinen Gedanken und Planspielen. Ich grübelte gerade an meinem Schreibtisch über den alljährlichen Belastungs- und Orientierungsmarsch nach, der im Sommer stattfand und ein Highlight im SEK-Alltag darstellte. In mehrerer Hinsicht. Bei dem schwierigen 30-Kilometer-Parcours ging es vor allem darum, den tatsächlichen Leistungsstand jedes Einzelnen festzustellen. Sein Orientierungsvermögen im unwegsamen Gelände, sein Teamverhalten, seine Kondition, Ausdauer, Kraft, Flexibilität, Geschicklichkeit und Willenskraft, und zwar unabhängig von Glück und Zufall. Deshalb baute ich jedes Jahr neue Anforderungen und Aufgaben ein: Felswände überklettern, Flüsse per Seil überqueren und Seen durchschwimmen. Oder Schlauchbootfahrten, komplizierte Hubschraubertransporte und Abseilen von hohen Hindernissen. Nicht jeder war gut auf mich zu sprechen, denn der Parcours war mordsanstrengend, und so mancher kam da definitiv an seine Leistungsgrenze, stand kurz vor einem Kollaps und verfluchte mich.

Beim abschließenden Umtrunk jedoch war alles vergessen, denn da ging es hoch her. Vermutlich der Hauptgrund, warum sich diese Veranstaltungen trotz aller Strapazen großer Beliebtheit erfreuten. Einmal packten in einer oberbayerischen Wirtschaft ein paar unserer Leute die Videokamera aus und stellten geschäftig den Alukoffer mit dem tragbaren Funktelefon auf den Tisch. Was das denn werden sollte, fragte ein leicht angetrunkener Stammgast. Todernst bekam er zur Antwort, wir seien vom Fernsehen und bereiteten eine Castingshow für junge Nachwuchssängerinnen vor. So etwas wie DSDS (*Deutschland sucht den Superstar*), auch wenn es das damals noch nicht gab.

War das ein Hallo! Aus dem ganzen Ort strömten die Dorfschönheiten herbei, präsentierten sich vor unserer Kamera und trällerten ihr Liedchen. Dass da nichts lief, nicht einmal die Kamera, merkten die armen Mädchen nicht. Wer weiß, vielleicht warten sie noch heute auf ein Engagement. Gemein, ich weiß, aber wir hatten einen Heidenspaß. Und das brauchten wir gelegentlich einfach. Wer ständig in Extremsituationen und unter Strom stand, zudem Leben und Gesundheit aufs Spiel setzte, der musste hier und da mal Dampf ablassen. Die verkannten Sängerinnen mögen es uns verzeihen.

An diese Geschichte dachte ich gerade, als mich der Alarm unsanft in die Gegenwart zurückholte. Na schön, morgen war auch noch ein Tag. Ich seufzte, schnappte mir meine Einsatztasche und eilte mit zwei Kollegen in die Tiefgarage. Zu dritt nahmen wir einen Wagen und steuerten mit Blaulicht und Sirene die Autobahn Richtung Lindau an. Es folgten zwei Einsatzgruppen, die sich ebenfalls startbereit auf der Dienststelle befunden hatten. Anlaufstelle war, wie man uns über Funk mitteilte, ein Feuerwehrhaus in einer kleinen Ortschaft im bayerischen Seenland.

Dort erst erfuhren wir die wenigen Fakten, die man bislang kannte. Nachbarn hatten die Polizei alarmiert, weil seit Tagen die Fenster im zweiten Stock eines Anwesens offen standen und das Auto des Besitzers mit geöffneter Tür vor dem Haus abgestellt war. Es handle sich um einen Baron, hieß es. Zwei Streifenpolizisten wurden losgeschickt, um nach dem Rechten zu schauen. Als auf ihr Läuten niemand reagierte, stiegen sie eine Leiter hoch und spähten durch ein Fenster. Entdeckten den Hausherrn, der in seinem Bett lag und völlig apathisch wirkte.

Nachdem allerdings ein herbeigerufener Schlüsseldienst die Tür aufgesperrt hatte und die Männer das Schlafzimmer betraten, wurde der Adelsspross munter. Er zog blitzschnell einen Revolver und eröffnete das Feuer, zum Glück ohne zu treffen. Trotzdem zogen sich die beiden Polizisten schleunigst zurück und baten um Unterstützung. Die Alarmierungsmaschinerie lief auf Hochtouren. Angefordert wurden Spezialeinheiten, Polizeipsychologen, Einsatzzüge, Verkehrskräfte, Diensthundeführer, Waffenexperten, Polizeipressesprecher, ein Notarzt und die Feuerwehr.

Wie erwartet und in solchen Fällen üblich lautete die Order: »Verhandeln, verhandeln und nochmals verhandeln«, doch schon bald wurde klar, dass alle Bemühungen des Psychologen und der Verhandlungsgruppe ins Leere liefen. Ihre Versuche, sich per Telefon und Megafon mit dem Mann in Verbindung zu setzen, scheiterten. In der Zwischenzeit hatte eine SEK-Gruppe das Haus umstellt, eine zweite arbeitete sich leise ins Treppenhaus vor, bezog dort Position und wartete auf Instruktionen. Als drei Stunden verstrichen, ohne dass überhaupt ein Kontakt zustandegekommen wäre, gab der Einsatzleiter den Zugriff frei.

Was ebenfalls nicht unproblematisch war, denn der Herr Baron lag schließlich mit gezogener Waffe im Bett und schien regelrecht auf Eindringlinge zu warten. Da war guter Rat teuer. Wir mussten uns ein genaueres Bild von der Lage machen. Gut geschützt durch Panzerweste und Titanhelm tastete ich mich langsam Schritt für Schritt in Richtung Schlafzimmer vor, lugte im Gang vorsichtig um die Ecke. Dann sah ich ihn. Fast entspannt lag er im Bett, bloß der Revolver in seinen Händen passte ganz und gar nicht ins Bild, denn dessen Mündung war unmissverständlich auf die Zimmertür gerichtet. Und auf mich. Ich blickte nämlich genau in den Lauf der Waffe. Würde er schießen?

Dann merkte ich, dass er mich gar nicht wahrzunehmen schien, irgendwie weggetreten wirkte. Sonderbar. Stand er womöglich unter Drogen? Jedenfalls war es schwer, seine Reaktionen vorauszusagen. Ganz langsam schob ich meinen Kopf zurück. Mir war total unwohl bei dieser völlig unkalkulierbaren Situation und die Gefahr, dass dieser Verrückte wieder losballerte, sehr real. Auch unsere für solche Fälle geschulten Verhandlungsspezialisten wussten keinen Rat. »Was geht in dem Menschen vor?«, fragte ich sie während der kurzfristig angesetzten Besprechung in der nahen Feuerwehrgarage. »Ist der Mann gefährlich oder suizidgefährdet? Schwebt er möglicherweise in Lebensgefahr wegen Drogenkonsums?« Keiner wusste so recht eine Antwort, und das bedeutete, dass wir zum Handeln gezwungen waren. Nur wie?

Einer brachte einen Polizeihund ins Spiel. Der aber war für einen Fall wie diesen gar nicht ausgebildet. Man bringt den Vierbeinern neben vielen anderen Dingen bei, wie sie einen flüchtenden Täter stellen und festhalten, doch unser Mann lag praktisch reglos in seinem Bett, bot folglich keinen Angriffsgrund. Wir zogen den Hundeführer zurate. Der ahnte Schlimmes. »Ich glaube nicht, dass der Rex für so einen Einsatz geeignet ist«, beugte er vor. »Außerdem erschießt ihn der Typ am Ende noch.«

Nun ja, da mochte er recht haben, bloß sollten wir stattdessen einen unserer Männer ins Feuer schicken? Der Einsatzleiter traf die Entscheidung: »Wir probieren den Zugriff mit Hund.« Ganz vorsichtig und leise brachte ich mit einem meiner Leute den Hundeführer in Position. Wir kontrollierten noch einmal die Situation, indem wir einen Spiegel mit einem langen Griff ins Zimmer hielten. Unverändert lag der Baron mit gezogener Waffe im Bett. Ich nickte dem Hundeführer zu. Der stieß einen lauten Ruf aus, den niemand verstand. Außer seinem Schäferhund, denn der stürmte sogleich in den Raum und sprang aufs Bett. Dann geschah das Unglaubliche: Er verharrte plötzlich und schnupperte an der Revolvermündung, ohne dass etwas geschah. Nach 15 Sekunden war alles vorbei. Der Baron lag wie vorher reglos im Bett, der Hund kehrte zur Freude seines Herrchens wohlbehalten zurück.

Nur wir standen wieder am Anfang, waren der Lösung keinen einzigen Schritt näher gekommen. »Jetzt setzen wir Tränengas ein«, sagte ich zu meinem Chef. »Sobald die Gaspatrone voll wirkt, bekommt der hohe Herr bestimmt Atemnot. Da muss er einfach aus dem Bett springen und nichts wie raus aus dem Zimmer.« Falls nicht, würden ein paar von uns mit Atemschutzmasken und einem großen Stahlschild ins Schlafzimmer gehen und den Mann überwältigen.

»Einverstanden«, meinte mein Chef. »Ich hab ebenfalls an so was gedacht.« Um auf Nummer sicher zu gehen, bereiteten wir mehrere Tränengaspatronen vor. Zwar sollte für einen relativ kleinen Raum eine einzige mehr als genug sein, doch hier war vieles bereits ganz anders gelaufen als erwartet. Wir trauten dem Braten einfach nicht mehr.

Kurz darauf waren wir so weit. Einer zog die Reißleine der ersten Patrone und schmiss sie gezielt neben das Bett. Nicht etwa auf die Bettdecke, denn die könnte sich leicht entzünden. Das Gas strömte aus und füllte in Sekundenschnelle den Raum, stand vor uns wie eine dichte Nebelwand, durch die wir alles im Zimmer nur schemenhaft wahrnahmen. Und der apathische Schläfer? Nichts. Wir sahen weder, dass er sich bewegte, noch hörten wir ihn stöhnen oder heftig atmen, wie es eigentlich normal wäre.

Jetzt wurde es brenzlig. Wir durften unter keinen Umständen riskieren, dass der Mann vor unseren Augen erstickte. Nichts wie rein, befahl ich, und mit wenigen Schritten stürzte sich das Zugriffsteam auf den Baron und begrub seine Waffe unter einem Schild. Einer hielt den Mann fest, ein anderer entriss ihm die Waffe, eine .357 Magnum mit vollem Magazin, ein weiterer band ihm die Hände. Dann zogen sie ihn aus dem Bett und übergaben ihn dem bereits wartenden Notarzt, der sofort eine Infusion legte. Er atmete angestrengt und schien nichts von dem mitzubekommen, was um ihn herum vorging. Wir hingegen litten ganz gewaltig unter dem Tränengas, das sich im ganzen

Haus auszubreiten begann, und waren heilfroh, endlich ins Freie zu kommen.

Später erfuhren wir, dass der Baron tatsächlich unzurechnungsfähig war und in eine psychiatrische Klinik eingewiesen werden musste. Von hohen Schulden und familiären Problemen war die Rede, die er durch Drogenkonsum zu vergessen suchte. Aber genau das hatte ihm dann wohl den Rest gegeben.

RÄUBER UND GENDARM IM BAYERISCHEN WALD

So an die 1000 Einsätze dürften es gewesen sei, die ich beim Spezialeinsatzkommando Südbayern erlebte, und die meisten verliefen erfolgreich. Zum Glück. Zwischendurch allerdings gab es immer wieder einige, da schien nichts zusammenzupassen, und man musste sie letztlich als Fehlschlag abhaken. Trotz größter Bemühungen und eines teilweise gigantischen logistischen Aufwands. Dazu gehörte auch eine spektakuläre Aktion, die mit der Jagd auf einen Erpresser zu tun hatte, der seit längerer Zeit die Bahn terrorisierte, sich an Gleisen und Leitungen zu schaffen machte und die Direktion mit immer neuen Geldforderungen sowie dramatisch inszenierten Geldübergaben narrte.

Und einmal erwischte es eben uns. Ich hielt mich gerade mit einem Teil meiner Leute im fränkischen Hammelburg auf, an der Kampftruppenschule der Bundeswehr. Dort trainierten wir Einsätze wie etwa Häuserkampf, Zugriff auf ein fahrendes Auto und Schießen auf große Entfernungen. Eine spannende Geschichte, zumal solche Möglichkeiten in München und Umland nicht geboten wurden. Doch die dreitägigen Kurse erfreuten sich auch aus einem anderen Grund größter Beliebtheit: Hammelburg ist Weingegend und bietet eine beträchtliche Anzahl netter Kneipen, und darunter war nicht eine einzige, die wir nicht kannten. Kein Wunder, denn die meisten Mitglieder des Kommandos kamen über die Jahre regelmäßig hierher, bei mir dürften es etwa 50 Mal gewesen sein. Auf der Heimfahrt schleppten wir in unseren leeren Munitionskisten Vorräte an Bocksbeuteln ab. Von denen hatten wir dann eine ganze Weile was, während die hübschen Mädchen, die in den Kneipen die durchtrainierten Jungs vom SEK anhimmelten, bald nur noch Erinnerungen waren. Zumindest bis zum nächsten Jahr.

Zweifellos zählten die Aufenthalte in dem Städtchen an der Fränkischen Saale zu den Höhepunkten des SEK-Jahres, und zwar über Generationen hinweg. Nicht nur wegen Wein, Weib und Gesang. Hier übten wir zwar für den Ernst des Alltags, aber im Grunde genommen war er weit weg. Und kein Unsinn wurde ausgelassen. Besonders nicht, wenn es um Kameraden ging, die es abends arg übertrieben hatten. Wenn die am Morgen zu spät, völlig übermüdet und recht apathisch zum Appell erschienen, durften sie nicht auf Mitleid hoffen. Im Gegenteil. So manchem Nachtschwärmer wurde klammheimlich – unbemerktes Anschleichen gehörte schließlich zur »Berufsausbildung« beim SEK – an den Reißverschluss am Fußende des Einsatzoveralls eine Tränengaspatrone gebunden, die beim Wegtreten gezündet wurde. Eine Riesengaudi für die Verursacher. Nur das Opfer lachte nicht, hüpfte bloß wie von der Tarantel gestochen herum. Auch wenn ich mich in späteren Jahren, besonders in meiner Zeit als Ausbildungsleiter, natürlich nicht mehr aktiv an solchen Scherzen beteiligte, gönnte ich meinen Jungs die harmlosen Späße von Herzen. Schließlich kam niemand zu Schaden. Heutzutage allerdings würden sie vermutlich disziplinarische Maßnahmen nach sich ziehen. Es waren halt andere Zeiten.

In jenem Jahr, als wir es mit dem Bahnerpresser zu tun bekamen, hielt ich mich gerade auf der Schießbahn auf, als ein Jeep der Bundeswehr mit einem Oberfeldwebel am Steuer vorfuhr. Ich solle sofort bei der Standortkommandantur vorsprechen, hieß es. Auweia, dachte ich. War etwa schon wieder einer meiner Truppe auf dem Kasernengelände mit dem Polizeiwagen zu schnell gefahren oder hatte sich irgendeinen dummen Scherz erlaubt, den die Kollegen vom Militär wie so oft nicht lustig fanden?

Nichts dergleichen. Mein Kommandoführer wollte mich dringend sprechen. Es gab eine brandneue Forderung des Bahnerpressers, der seine Aktivitäten seit Kurzem auf den süddeutschen Raum ausgedehnt hatte. 1,7 Millionen DM verlangte er und drohte damit, bei Nichtzahlung einen Zug entgleisen zu lassen. Die erste Geldübergabe war vor knapp zwei Wochen gescheitert, weil der Hubschrauber wegen schlechten Wetters nicht fliegen konnte, und so kamen wir damals erst gar nicht zum Zug. Um nichts zu riskieren und die Sicherheit der Reisenden nicht zu gefährden, schaltete die Polizei in einer Boulevardzeitung eine Anzeige, der Erpresser möge sich melden. Wegen einer neuen Terminvereinbarung sozusagen.

Das hatte er jetzt offenbar getan. Der Mann hatte allerdings bislang nicht allzu viel mitgeteilt. Nur dass die Geldübergabe am folgenden Samstag stattfinden und ein Hubschrauber in einem niederbayerischen Ort bereitgestellt werden sollte. Mehr wussten wir nicht. Vermutlich handelte es sich um den Bayerischen Wald. Um uns einen ersten Überblick zu verschaffen, unternahmen wir einen Aufklärungsflug über das infrage kommende Gebiet. Verdächtiges fiel uns nicht auf, wohl aber, wie unwegsam und unüberschaubar das Gelände war. Keine tolle Voraussetzung für den bevorstehenden Einsatz. Zunächst konnten wir nichts anderes tun, als vorsorglich alles, was Räder hatte, in den Bayerischen Wald zu beordern: zivile Pkws, Motorräder und Mountainbikes. Wir wollten gerüstet sein, wenn die genaue Abwurfstelle mitgeteilt wurde.

Mit dem Gesamteinsatzleiter arbeiteten wir vom SEK einen Plan aus, von dem wir uns trotz aller Probleme einiges versprachen. Er basierte darauf, dass sich in den für den Geldtransport vorgesehenen Hubschrauber ein paar von unseren Leuten einschmuggelten. Nur durfte der Erpresser den Abflug nicht beobachten. Sobald er die Strategie durchschaute, wäre die Übergabe erneut geplatzt und der Erpresser auf und davon. Um das zu verhindern, verfielen wir auf ein geniales Täuschungsmanöver. Ein Hubschrauber ohne Polizeikennzeichen, der genau der für den Geldtransport vorgesehenen Maschine entsprach, wurde in der Nähe von Regensburg bereitgestellt, an Bord außer mir drei hervorragend ausgebildete Einsatzleute sowie ein Hundeführer samt Vierbeiner. Sobald die Aktion angelaufen war, würden beide Maschinen klammheimlich die Rollen wechseln.

Der Samstag kam, und wir warteten auf den Anruf, der uns die Abwurfstelle verraten würde. Erst kurz nach 19 Uhr meldete sich der Erpresser. Offenbar wollte er sich im Schutz der Dunkelheit mit dem Geld aus dem Staub machen. Eine erneute Komplikation, doch wir blieben bei unserem Plan. Hubschrauber Nummer eins mit dem Lösegeld, das aus 20 Metern Höhe abgeworfen werden sollte, stieg auf, drehte jedoch ab, nachdem er außer Sichtweite war, um Kurs auf Regensburg zu nehmen. In Windeseile luden wir dort das Geld um und starteten Richtung Bayerischer Wald. Zunächst erlebten wir hektische Minuten, weil wir das angegebene Abwurfgebiet auf unserer topografischen Karte nicht finden konnten. Endlich entdeckten wir das Areal in unwegsamer Bergregion. In dieser Wildnis einen geeigneten Landeplatz oder zumindest eine Lichtung zu finden, wo wir vor dem Geldabwurf abgesetzt werden konnten, würde gar nicht so einfach sein. Nah genug, um den Anschluss zum Erpresser nicht zu verlieren, und weit genug entfernt, um von der Abwurfstelle aus nicht gesehen zu werden.

Viel Zeit blieb uns nicht. Zum Glück entdeckte unser Pilot bald eine kleine Waldlichtung etwa 150 Meter unterhalb der Abwurfstelle, die mit niedrigem Strauchwerk durchsetzt war. »Schnell, schnell«, sagte ich zu meinen Leuten. »Wir müssen abgleiten, denn eine Landung ist hier nicht möglich.« Schon kletterten die hinter mir sitzenden Männer auf die Kufen des Hubschraubers, warfen das Tau nach unten und glitten aus circa zehn Metern Höhe zu Boden. Der Hundeführer blieb an Bord. Als Letzter rutschte ich fast ungebremst nach unten und schlug unsanft auf, verstauchte mir den rechten Fußknöchel und trug zudem hässliche Schürfwunden an den Fingerspitzen davon. Ich hatte vergessen, meine Lederhandschuhe beim Abgleiten anzuziehen. Warum? Ich musste sie zuvor ausziehen, weil sie mich beim Blättern der Landkarte störten. Wie man sieht, war selbst ein erfahrener Ausbilder nicht gegen Nachlässigkeiten gefeit. Ich schüttelte den Kopf über mich selbst, doch wie sehr Hände und Fuß schmerzten, das merkte ich erst später.

Sobald ich nach oben signalisierte, dass alle unten waren, wurden im Hubschrauber die Taue ausgeklinkt, und die Maschine gewann wieder an Höhe, verschwand bald aus unserer Sicht. Die Aktion dauerte höchstens 15 Sekunden. Wir befreiten uns von den Gurten und legten alles, was wir nicht mehr brauchten, auf einem Haufen zusammen. »Los geht's«, sagte ich zu meinen Leuten. »Wir müssen möglichst schnell nach oben zur Abwurfstelle.« Dann humpelte ich mit meinem lädierten Fuß tapfer voran.

Wir bemühten uns so wenig Geräusche wie möglich zu machen. Schließlich hatten wir keine Ahnung, ob der Erpresser sich nicht in der Nähe aufhielt. Aber trotz allen Bemühens und häufigen Trainings im lautlosen Anschleichen knackste jeder kleine Ast unter den Stiefeln, raschelte das Laub, und selbst unser Atem hörte sich in der Stille ringsum verräterisch laut an. Oder empfanden wir das nur so wegen der großen Anspannung?

Vom Hubschrauber war mittlerweile nichts mehr zu hören. Jetzt waren wir auf uns allein gestellt und konnten nur hoffen, dass wir nicht zu spät kamen und der Erpresser im wahrsten Sinne des Wortes nicht bereits über alle Berge war mit dem Geld. Dann die Riesenüberraschung: Als wir abgehetzt und schweißgebadet oben auf dem Plateau ankamen, sahen wir als Erstes den Geldsack. Prall und rund und sichtlich noch nicht angerührt. War der Erpresser erst gar nicht aufgetaucht oder versteckte er sich irgendwo?

Wir lauschten angestrengt, spähten in alle Richtungen. Kein Laut zu hören, keine verräterische Bewegung zu entdecken. Es wurde immer dunkler, schließlich hatten wir erst Ende April. »Bloß keine Taschenlampen anschalten«, wies ich meine Leute an. »Wir verteilen uns rund um die Abwurfstelle, verstecken uns im Gebüsch und warten.« Über Funk informierte ich die Einsatzleitung über die momentane Situation und erfuhr im Gegenzug, dass ein paar unserer Männer mit einem Traktor und als Waldarbeiter verkleidet auf Feldwegen im Gelände unterwegs seien, um Ausschau zu halten. Ein beruhigendes Gefühl, nur wo blieb der Erpresser?

Der kam nicht. Bloß der Hundeführer tauchte auf. Er war auf einem Waldweg südwestlich der Abwurfstelle mit seinem Vierbeiner abgesetzt worden. Ich zeigte ihm die Positionen der Zugriffskräfte und wies ihm ebenfalls ein Versteck im dichten Buschwerk zu. Dann hockten wir alle im großen Kreis um den Geldsack herum und warteten. Noch gingen wir davon aus, dass der Ganove sich seine 1,7 Millionen nicht entgehen ließ!

Die Zeit verstrich, ohne dass etwas geschah. Nur fern vom Tal drangen leise Motorengeräusche zu uns herauf. Da unten war offenbar mehr los als hier oben, da sammelten sich gerade unsere Kollegen auf einem Parkplatz und begannen mit Aufklärungsfahrten und Fahrzeugkontrollen. Zivilstreifen der örtlichen Polizeiinspektionen würden außerdem das gesamte Gebiet durchkämmen.

Mittlerweile froren wir erbärmlich, denn die Temperaturen lagen nur knapp über dem Gefrierpunkt. Hinzu kamen Nässe und ein starker Wind. Selbst der Polizeihund verlieh seinem Missfallen über die unwirtlichen Verhältnisse Ausdruck und winselte erbärmlich, wollte sich partout nicht beruhigen lassen. Dem Hundeführer war das sichtlich peinlich, und er entschuldigte das Verhalten seines Vierbeiners immer wieder mit Hinweisen auf seine Jugend und mangelnde Erfahrung. Da konnte man nichts machen. Hoffentlich näherte sich nicht ausgerechnet jetzt der Erpresser und hörte das Jaulen, dachte ich nur.

Viel stärker beschäftigte mich jedoch die Frage, was wir in dieser Situation tun sollten. Meine Leute waren seit fast 18 Stunden im Einsatz, und eine Ablösung erschien unumgänglich. Nicht ganz einfach im Dunkeln, doch es musste irgendwie gehen. Jeder von uns wusste nur zu gut, dass erschöpfte Männer im Ernstfall niemandem nutzten. Die Einsatzleitung gab ihr Okay – wenngleich zögernd, weil während der Austauschphase nur zwei Männer auf dem Plateau sein würden.

Gegen Mitternacht war es dann so weit. Ausgestattet mit Karte, Kompass und Taschenlampe, die wir aber nur im Notfall benutzten, stieg ich mit einem meiner Leute und dem Hundeführer ab. Immer wieder verirrten wir uns oder kamen in der Finsternis vom Weg ab. Nach einer knappen Stunde erreichten wir endlich den vereinbarten Treffpunkt, wo bereits unsere Ablösung wartete. Im Gegensatz zu uns verfügten sie über Kälteschutzbekleidung und hatten Mountainbikes dabei. Ich gab schnell noch ein paar wichtige Instruktionen und Informationen weiter, bevor ich mich mit dem Hundeführer zur nächstgelegenen Bundeswehrkaserne fahren ließ. Dort sanken wir abgekämpft auf quietschende Pritschen.

Unser Kollege Berndi hingegen musste noch einmal nach oben und die drei Neuen hinaufführen, bevor er zum zweiten Mal mit der zurückgelassenen Nachhut abstieg und für ihn der Einsatz ebenfalls vorbei war. Am Berg dagegen ging das lange Warten auf den Erpresser weiter. Und der Kampf gegen die Müdigkeit, die durch erzwungene Untätigkeit doppelt schwer ins Gewicht fiel. Auch unsere Ablösung bekam den Gesuchten nicht zu Gesicht.

Am Morgen sollte eine gründliche Durchkämmung des Geländes um die Abwurfstelle mit zwei Hundertschaften stattfinden, die ich führen würde. Immerhin war ich inzwischen mit dem Gelände einigermaßen vertraut. Also wieder nichts mit Ausschlafen. Um 6.30 Uhr stieg ich aus dem Bett, duschte, ging zum Frühstück und nahm kurz Kontakt mit meinen Leuten auf dem Plateau auf. Nichts Neues, erfuhr ich. Kaum hatte ich mir allerdings eine Tasse Kaffee geholt, meldete sich der Truppführer: »Wir haben eine Spur entdeckt, die von der Abwurfstelle in nördlicher Richtung zu einem Dickicht führt. Es könnte sich um das verlassene Versteck des Erpressers handeln. Von dort besteht nämlich Sicht auf das Plateau.«

Schwer zu schlüsseln, diese Information. Zwar mochte es durchaus sein, dass wir die Spur in der Dunkelheit nicht mehr erkennen konnten, aber Bewegungen oder Geräusche im Gebüsch, die hätten wir bestimmt registriert. Wie auch immer. »Jetzt ist es eh zu spät«, funkte ich nach oben. »Nach dem Einsatz schick ich die Spurensicherung hoch. Haltet aus, ihr werdet bald abgelöst.«

Dann wenige Minuten später der nächste Funkspruch, der meinen Adrenalinspiegel in die Höhe schießen ließ. »Täter konnte trotz Abgabe eines Warnschusses flüchten!« Was war passiert? Die Zugriffskräfte am Berg beobachteten gegen sieben eine männliche Person im Jogginganzug, die sich zielstrebig dem Plateau näherte. Der Unbekannte habe den Geldsack betrachtet, sich mehrmals umgeschaut und sei dann auf eine Mulde zugegangen, in der sich einer unserer Leute versteckte. Vieles, wenn nicht gar alles sprach dafür, dass es sich um den Gesuchten handelte. Die frühe Uhrzeit, das auffällige Verhalten. Zudem traf man in solcher Höhe eigentlich keine Jogger an.

All das dürfte auch dem Kollegen in seinem Versteck durch den Kopf geschossen sein. Jedenfalls sprang er mit gezogener Pistole aus der Mulde und schrie: »Halt, bleiben Sie stehen, Polizei!« Der Jogger dachte nicht daran, sondern gab Fersengeld und rannte bergab davon. Ein Indiz mehr, dass es sich um den gesuchten Erpresser handelte, und so nahmen zwei unserer Männer unverzüglich die Verfolgung auf. Weil sie allerdings durch ihre dicke Kälteschutzbekleidung am raschen Vorwärtskommen gehindert wurden, vergrößerte sich der Abstand zu dem leichtfüßigen Jogger immer mehr. Einer der beiden gab einen Warnschuss ab, doch das beeindruckte den Flüchtenden nicht, und irgendwann war er entschwunden.

»Wir müssen sofort eine Fahndung einleiten«, sagte ich. Nicht nur bei mir, auch bei der Einsatzleitung klingelten die Alarmglocken. Unisono waren wir überzeugt, dass wir kurz vor dem Ziel standen und dem Erpresser endgültig das Handwerk legen konnten. Noch auf dem Kasernenhof teilte ich die beiden Hundertschaften ein und wies ihnen ihr Suchgebiet zu. Zugleich schwärmten SEK-Gruppen auf den umliegenden Staats- und Forststraßen aus und führten wie schon am Abend zuvor Fahrzeugkontrollen durch. Auch ein Fährtenhund wurde eingesetzt.

Während das alles anlief, erstellte ein Computerbildzeichner des Bayerischen Landeskriminalamts ein Phantombild. Allerdings waren die Aussagen der Kollegen nicht sonderlich präzise, denn sie hatten den Jogger überwiegend auf der Flucht gesehen. Sicher schien nur, dass es sich um einen 35- bis 40-jährigen Mann mit dunklen Haaren und Geheimratsecken, starken Augenbrauen und einem buschigen Schnurrbart handelte. Trotzdem bekamen wir schnell einen Hinweis.

Die Euphorie war groß, die darauffolgende Enttäuschung noch größer. Bereits nach kurzer Vernehmung wurde klar, dass es sich nicht um den gesuchten Erpresser handelte. Der gute Mann, der gerne mal einen über den Durst trank, pflegte seinen Kater am nächsten Morgen damit zu bekämpfen, dass er hoch in die Berge joggte. Und auf die Frage, warum er auf den Warnschuss nicht reagiert habe, antwortete er lapidar: »Ich dachte, es handelt sich schon wieder um eine Übung. Hier schießen oft Soldaten mit Platzpatronen in der Gegend herum.« Nun ja, nicht ganz glaubwürdig, aber kein Delikt.

Unser »Täter« jedenfalls war aus dem Schneider, und wir saßen in der Patsche, hatten nichts mehr in der Hand. Nicht einen einzigen winzigen Hinweis. Frustriert kehrten wir nach München zurück und ernteten zu allem Überfluss Hohn und Spott. »Schuss auf Jogger«, titelte eine Zeitung. Eine andere sprach von einer »peinlichen Panne bei der Geldübergabe«. Wir waren zwar nicht gerade amüsiert über den Fehlschlag, uns jedoch keiner Schuld bewusst und hakten die Geschichte einfach ab.

Das südbayerische SEK kam nie mehr mit dem Bahnerpresser in Berührung, denn in unserem Zuständigkeitsbereich gingen keine weiteren Forderungen ein. Später, nach seiner Festnahme außerhalb Bayerns, erfuhren wir am Rande, dass er wohl von einem nahe gelegenen Hügel aus den Hubschrauber beobachtet und irgendwie Verdacht geschöpft hatte. Musste er ja wohl, wenn er auf das Geld verzichtete. Wir jedenfalls hätten uns völlig umsonst weiß Gott was abfrieren lassen können, ohne den trickreichen Gauner jemals zu Gesicht zu bekommen. Eben Räuber und Gendarm.

DIE MÖRDERBRÜDER

Ich bin Bayer, genauer gesagt Oberbayer, von ganzem Herzen und mit voller Überzeugung. Für mich gibt es nichts Schöneres als die heimische Bergwelt mit ihren kristallklaren Seen. Und einer der idyllischsten Flecken ist sicherlich der Tegernsee, etwa 50 Kilometer südlich von München. Ausgerechnet hier, in dieser beschaulichen, friedlichen und von Wohlstand geprägten Umgebung fand eine der aufsehenerregendsten Geiselnahmen des Landes statt. Schlimm für uns insbesondere, denn bei der Geisel handelte es sich um einen Kollegen.

Der Anruf riss mich in den frühen Morgenstunden aus dem Schlaf: Mir schwante sogleich, dass das nichts Gutes bedeuten konnte, denn am Abend zuvor hatten mein Chef und ich als sein Stellvertreter eine Einsatzgruppe Richtung Tegernsee verabschiedet. Doch was ich von unserer Telefonbereitschaft zu hören bekam, war schlimmer als erwartet. »Kommandoalarm, alle Mann sofort zur Dienststelle. Der Einsatz ist schiefgelaufen. Der Täter hat einen von uns als Geisel genommen.« Ich fragte nur noch:«Wer ist es?«, erfuhr, dass es sich um den Hans handelte, und war schon halb zur Tür hinaus.

Der Vorfall hatte eine Vorgeschichte. Vor ein paar Tagen

waren wir auf Weisung des bayerischen Innenministeriums auf ein kriminelles Schwergewicht angesetzt worden, hinter dem die Sonderfahnder des Bundeskriminalamts in Wiesbaden schon lange her waren. Reinhart S. wurde ebenso wie sein Bruder Helmut per Haftbefehl gesucht. Beide waren in dubiose Geschäfte insbesondere im Ausland verwickelt, und es bestand der dringende Verdacht, dass der Ältere der beiden, Reinhart, zwei unliebsame Geschäftspartner aus dem Weg geräumt hatte. Unter der Terrasse des Ferienhauses an der Algarve entdeckte die portugiesische Polizei, die einem anonymen Hinweis nachging, nämlich zwei einbetonierte Leichen. Und deshalb bemühten sich die Spezialisten aus Wiesbaden darum, die Brüder aufzustöbern und dingfest zu machen.

Was zumindest bei einem gelungen zu sein schien, denn die Spur von Reinhart S. führte zum Tegernsee und damit in unseren Zuständigkeitsbereich. Das Ministerium erteilte gleich die Freigabe für eine Aktion, die Kollegen vom BKA reisten an, um persönlich mit uns die Sachlage und das weitere Vorgehen zu besprechen. Bei einer Tasse Kaffee erfuhren wir Näheres. Wir, das waren mein Chef, der Ausbildungsleiter und ich, damals zuständig für die Präzisionsschützen. Sie hätten konkrete Hinweise, sagten die Sonderfahnder, dass sich Reinhart S. mit seiner Lebensgefährtin Sybille A. in einem Hotel am Tegernsee unter falschem Namen einquartiert habe, und zwar nicht im Haupttrakt, sondern in einem benachbarten Apartmenthaus. Ein gefährlicher Zugriff, fanden die beiden. Damals erstaunte mich das ein wenig, doch später begriff ich ihre Befürchtungen.

Natürlich übernahmen wir den Einsatz, tauschten Telefonnummern sowie Funkrufzeichen aus und machten uns an die Planung. Ein zwölfköpfiges Team mit einem erfahrenen Gruppenführer sollte einen Überraschungszugriff durchführen, sich im Schutz der Dunkelheit an das Gebäude heranschleichen und in den frühen Morgenstunden das Apartment stürmen.

Als unsere Männer spätabends in das Einsatzgebiet abrückten, waren wir alle guter Dinge und von keinem Gedanken angekränkelt, dass unser Plan nicht aufgehen könnte. Schließlich gehörten solche Einsätze gegen Schwerstverbrecher für uns zur Tagesordnung, und ich konnte mich nicht daran erinnern, dass einer davon im Verlauf meiner damals 15 Jahre beim SEK danebengegangen wäre. Aber genau das schien jetzt passiert zu sein. Wir mussten nicht mehr bloß einen gefährlichen Verbrecher überwältigen, sondern auch unseren Kollegen aus seiner Hand befreien.

Jegliche Müdigkeit war verflogen. In Windeseile zog ich mich an, fuhr zur Dienststelle und stellte aus den nach und nach eintrudelnden Männern einen Trupp zusammen. Alle hatten sich nach der Alarmierung gewaltig ins Zeug gelegt, um schnellstmöglich da zu sein. Bevor wir aufbrachen, telefonierte ich noch mit dem Gruppenführer am Tegernsee. Völlig aufgeregt berichtete er, wie es zu der Panne gekommen war.

In der Nacht hatten unsere Leute unbemerkt ein in der Nähe liegendes Apartment bezogen, wo sie den Zugriff vorbereiteten. Kurz nach fünf war es dann so weit. Als sie mit Gewalt die Tür aufschlugen, richtig lehrbuchmäßig, wie der Gruppenführer erzählte, stand die Frau vorm Spiegel im Badezimmer, drehte ihnen also den Rücken zu. Die

Tür war weit geöffnet. Reinhart S. lag im Bett, zugedeckt bis zum Kopf, die Hände ebenfalls unter der Decke. Mit gezogenen Waffen drangen Zugriffskräfte ein, riefen: »Polizei! Keine Bewegung!«, und hielten den flüchtigen Mörder in Schach. Einer sicherte den Ausgang zur Terrasse, ein anderer zog Sybille A. aus dem Bad, und ein dritter riss die Bettdecke weg. Und genau in dem Moment sahen sie die Bescherung. Seelenruhig richtete S. sich auf und zeigte ihnen eine Handgranate, deren Sicherungsstift er festhielt, sagte ganz ruhig: »Nicht schießen, das ist eine Handgranate.« Der Gruppenführer musste in Sekundenschnelle eine Entscheidung treffen und schrie: »Raus, alle raus!« Eine andere Wahl habe er nicht gehabt, meinte er. »Hätten wir auf den Kerl geschossen, wär das Ding explodiert – ich möchte nicht wissen, mit welchen Auswirkungen in dem kleinen Zimmer.«

Er schwieg eine Weile sichtlich aufgewühlt, bevor er den Rest erzählte. Während er und vier andere zur Zimmertür zurückwichen und die Frau mitzogen, sprang S. aus dem Bett, verstellte Hans bei der Terrassentür den Fluchtweg und behielt ihn als Geisel zurück. Die Handgranate reichte als Argument. Auch um ihm seine Pistole abzunehmen. So weit die Vorgeschichte und die Situation, mit der wir es zu tun haben würden. Ich beruhigte den Gruppenführer und wies ihn an, nur ja nichts zu überstürzen. »Wir sind in einer halben Stunde da, und dann versuchen wir das Beste daraus zu machen.«

Kaum hatte ich den Telefonhörer aufgelegt, als ein BKA-Mann mein Zimmer betrat. Nicht nur wegen der Geiselnahme, sondern auch, um mir mitzuteilen, dass Helmut S., der Bruder von Reinhart, in der Nacht überraschend festgenommen worden sei. Ein Zusammenhang mit den Ereignissen am Tegernsee bestünde allerdings nicht, meinte er, und so maß ich dieser Information zunächst keinerlei Bedeutung bei. Dass es exakt diese Geschichte war, die bei dem Bruder einen Kurzschluss auslöste, konnte niemand ahnen.

Sobald wir vollzählig waren, brachen wir mit Blaulicht und Martinshorn auf, um so schnell wie möglich vor Ort zu sein. Wir kamen gut voran, die Straßen waren trotz der Jahreszeit – wir hatten Ende November – schnee- und eisfrei. Während der Fahrt musste ich an Hans denken, der sich in der Gewalt eines Schwerverbrechers befand. Er war nicht bloß ein Kollege, sondern ein guter Freund, und gemeinsam spielten wir in einem kleinen Sportverein Fußball. Außerdem grübelte ich darüber nach, ob S. gewarnt worden war, worauf das Szenario zweifelsfrei hindeutete. Sonst hätte er ja kaum mit einer Handgranate im Bett gelegen und regelrecht auf die Polizei gewartet. Fragen über Fragen, die vorerst nicht geklärt werden konnten.

Dann kamen wir in Tegernsee an. Der zuständige Polizeidirektor, der den Gesamteinsatz leitete, wartete bereits auf uns. Ich kannte ihn aus seiner Münchner Zeit und hatte ihn als besonnenen Mann in guter Erinnerung. Während die Einsatzkräfte vor Ort sich unwillig auf den Heimweg machten, bezog unser Notzugriffstrupp in der Nähe des Täterapartments Stellung, desgleichen meine Präzisionsschützen. Sie nahmen vom Haupttrakt des Hotels sowie vom Außenbereich aus die Terrasse des Apartments und die Eingangstür zu dem Nebengebäude ins Visier. Der besseren Tarnung wegen brachten sie an einigen Fenstern des Hoteltrakts, aus denen sie schießen würden, zudem einen Sichtschutz an. Das alles völlig unauffällig auf die Reihe zu bringen war gar nicht so einfach. Vor allem nicht, wenn der Gegner ein mit allen Wassern gewaschener Krimineller war. Und dazu gehörte Reinhart S. ohne Zweifel.

Deshalb wunderten wir uns auch darüber, dass er Hans sein Funkgerät nicht abgenommen hatte. War es ihm egal? Oder war ihm der Knopf im Ohr entgangen? Eher unwahrscheinlich. Jedenfalls konnten wir mit unserem Kollegen Kontakt halten, bemühten uns aber vorsichtshalber um Unauffälligkeit. Vor allem durfte Hans selbst nicht sprechen, und so entwickelten wir folgende Strategie: Für »Ja« sollte er einmal die Ruftaste in seiner Hosentasche drücken, für »Nein« zweimal und für »Weiß nicht« dreimal. Auf diese Weise gewannen wir nach und nach ein recht zuverlässiges Bild, was sich in dem Apartment abspielte.

Insoweit hatten wir alles in allem eigentlich ein recht gutes Gefühl, wäre da nicht die Handgranate gewesen. Die Zeit verging, ohne dass uns eine wirklich risikolose Vorgehensweise einfallen wollte. Wir ersannen Plan über Plan und verwarfen alle sogleich wieder, weil sie zu gefährlich erschienen. Zwischendrin funkte mich auch noch die interne Befehlsstelle an: »Die Frau vom Hans ist am Telefon. Kannst du übernehmen?« O Gott, was sollte ich bloß sagen?

Ich entschied mich gegen die Wahrheit und spielte die Sache herunter. »Mach dir keine Sorgen. Wir haben die Lage im Griff und werden deinen Mann heil herausholen«, versprach ich ihr. Dabei hatten wir nichts im Griff, und ein glimpflicher Ausgang schien mehr als fraglich. Die Verhandlungsgruppe der Polizei, verstärkt durch einen besonders kompetenten Psychologen, arbeitete ebenso akribisch wie vergeblich daran, den Geiselnehmer zum Aufgeben zu überreden. Der dachte nicht daran, forderte stattdessen plötzlich ein Fluchtfahrzeug, und zwar die Limousine des Hoteliers. Glücklicherweise machte der keine Schwierigkeiten, und kurz darauf stand der Wagen etwa 30 Meter vom Ausgang des Apartmentgebäudes entfernt bereit.

Wieder saßen wir zusammen, die Einsatzleitung, die führenden Leute vom SEK und das Observationsteam vom MEK, um die veränderte Lage zu analysieren. Da der Täter offenbar beabsichtigte, mit seiner Geisel zu fliehen, arbeiteten wir drei Varianten für den Zugriff aus. Beim Verlassen des Gebäudes, auf dem Weg zum Fahrzeug oder spätestens vor der Abfahrt. Entsprechend informierte ich meine Präzisionsschützen, die zwischen 50 und 100 Metern entfernt in Stellung lagen. Grundsätzlich keine Entfernung für diese Cracks, wäre da nicht die massive Bedrohung unseres Kollegen durch die Handgranate gewesen.

Das Wichtigste aber stand noch aus. Hans musste genauestens instruiert werden, wie er sich zu verhalten hatte. Auch das war gründlich diskutiert worden, und die unserer Meinung nach einzig mögliche Lösung sollte ich Hans jetzt verkaufen. Ich nahm Funkkontakt zu ihm auf und erläuterte ihm unseren Plan. »Wenn beim Verlassen des Gebäudes ein Schuss fällt, springst du nach links über eine Hecke und bleibst flach liegen. Hast du verstanden?« Die Durchsage wurde mit einem Pfeifton bestätigt. Trotzdem wiederholte ich es mehrfach, damit er es sich einhämmerte: »Nach Schussabgabe über die Hecke auf der linken Seite springen!« Wir konnten nur hoffen und beten, dass es funktionierte, dass Hans trotz der reduzierten Kommunikation wirklich verstand, was wir meinten. Aber welche Wahl blieb uns sonst?

Meine Hoffnungen ruhten auf meinen Präzisionsschützen, zumal der Einsatzleiter jetzt auch den finalen Rettungsschuss freigab, also die Tötung des Täters durch Kopfschuss. Er wollte jedes Risiko ausschließen, dass Reinhart S. womöglich noch Zeit fand, den Zünder zu betätigen. Wenn doch, würde die Handgranate am Boden explodieren. Deshalb musste Hans sich trotz Freigabe des Rettungsschusses vorsorglich durch einen beherzten Sprung in Sicherheit bringen. Natürlich gab es einen Alternativplan, falls alles völlig anders verlief. Dann sollte ein Schütze durchs Autofenster zielen. In früheren Jahren hatte man das gescheut, weil Glas ein Geschoss ablenken kann, aber inzwischen war das durch gezieltes Training für unsere Präzisionsschützen kein allzu großes Problem mehr.

Die Geiselnahme dauerte inzwischen über acht Stunden. »Wie mag sich Hans fühlen, es muss für ihn schrecklich sein. Mich treibt die Angst um ihn in den Wahnsinn«, sagte ich zu meinen Leuten, die nur schweigend nickten. Dann warteten wir wieder, dass es endlich weiterging. Schließlich eine Funkdurchsage der Verhandlungsgruppe: »Der Täter wird mit seiner Geisel in fünf Minuten das Gebäude verlassen.«

Mein Puls beschleunigte sich. Ich war wie elektrisiert, brannte darauf, endlich etwas tun zu können, um den Hans heil da herauszubringen. Trotzdem preschte niemand von uns in einer solchen Situation unbedacht vor. Ruhe bewahren und einen klaren Kopf behalten, das war entscheidend für den Erfolg bei allen Einsätzen. Wer das nicht schaffte, hatte beim SEK nichts verloren. Auch Hans würde das jetzt einmal mehr unter Beweis stellen müssen. Würde er wirklich rechtzeitig wegspringen, bevor die Granate explodierte? Klar, er war einer von uns. Gut ausgebildet und darauf trainiert, in Ausnahmesituationen mit kühler Überlegung zu handeln. Nur: Wie reagierte man, wenn man selbst Geisel war? Ich bezweifelte, dass sich so etwas üben ließ.

Schluss mit den negativen Gedanken, rief ich mich zur Ordnung. Das nutzte niemandem. Und dann öffnete sich schon die Tür. Es war so weit. Hinter der nächsten Ecke lauerten die Männer des Notzugriffstrupps, während mindestens sechs Präzisionsschützen das Fadenkreuz ihres Zielfernrohrs auf diese Tür gerichtet hielten. Jetzt musste nur noch Reinhart S. erscheinen.

Doch heraus kam Hans. Ganz langsam und vorsichtig, die Handgranate fest mit beiden Händen umklammernd, bewegte er sich Schritt für Schritt über den gepflasterten Weg auf das Fluchtauto zu. Was sollten wir davon halten? Und wo blieb S.? »Vorsicht! Es könnte sich um eine Finte handeln. Zieht ihn rüber und bringt ihn in Sicherheit«, rief ich meinen Leuten über Funk zu. In diesem Moment hörten wir aus dem Apartment einen Schuss. »Stopp! Vorerst geht niemand rein. Erst befragen wir Hans«, rief unser Kommandoführer dazwischen.

Ein paar der Leute vom Notzugriff hatten sich inzwischen Hans geschnappt, ihn mit ihren Körpern geschützt und ihn, so schnell es mit einer Handgranate möglich war, durch einen Nebeneingang ins Hotel gebracht. Dort warteten wir bereits auf ihn. Er wirkte zwar mitgenommen, was niemanden wunderte, war insgesamt jedoch trotz der durchlittenen Strapazen und Ängste in einer erstaunlich guten Verfassung.

In einer besseren offenbar als der Geiselnehmer. Der nämlich, erklärte Hans uns, habe sich in dem Moment völlig aufgegeben, als er keine Chance mehr zur Flucht sah. Und bevor er sich von unseren Präzisionsschützen erschießen ließ, richtete er sich lieber selbst. Er würde den Druck nicht mehr aushalten, hatte er Hans erklärt und ihn mit der gesicherten Handgranate nach draußen geschickt, um sich dann mit der Dienstwaffe unseres Kollegen zu erschießen.

Im Apartment bot sich ein grausiges Bild. Reinhart S. lag auf dem Rücken im Bett. An den Wänden klebten Blut und Gehirnmasse, verursacht durch einen Schuss in den Mund. Die Geiselnahme war beendet, unsere Aufgabe getan. Nur die Frage, ob S. gewarnt worden war und von wem, beschäftigte uns noch.

Erst die Vernehmung seiner Lebensgefährtin brachte Licht ins Dunkel. Wie jeden Tag, erzählte sie, habe Reinhart S. auch an jenem Abend seinen Bruder telefonisch zu erreichen versucht und seine Schlüsse gezogen, als niemand sich meldete. Von diesem Moment an schien er fest davon überzeugt, dass man ihm ebenfalls auf der Spur war. »Du wirst sehen, die kommen am Morgen«, sagte er zu Sybille A. und bereitete alles entsprechend vor. Deshalb auch schickte er die Frau in aller Herrgottsfrühe ins Bad, während er selbst mit einer Handgranate unter der Decke im Bett auf die Polizei wartete. Es handelte sich übrigens um eine sogenannte jugoslawische Volkshandgranate mit einer Sprengladung von etwa 40 Gramm PETN, die nach Entfernen des Sicherungsstifts und Loslassen des Haltebügels innerhalb von vier Sekunden explodiert wäre. Viel Zeit, um zur Seite zu springen, hätte der Hans nicht gehabt.

Monate später stellten wir den Einsatz für einen Lehrfilm am Ort des Geschehens nach und bauten dabei den Hechtsprung ein. Wenigstens theoretisch hätte es geklappt, sich rechtzeitig in Sicherheit zu bringen. Nur weiß man ja, dass in der Realität nicht immer alles nach Plan und Lehrbuch abläuft. Der Hans übernahm übrigens seinen eigenen Part in diesem Streifen, und ich dachte schon, das habe ihm bei der Bewältigung seiner Erlebnisse geholfen. Ein paar Monate später wechselte er trotzdem zur Kriminalpolizei.

Ich traf übrigens bei dieser Gelegenheit einen Freund aus Kindertagen wieder, denn der Hoteldirektor stellte mir seinen Chef vor. War das eine Überraschung und ein Hallo, denn wir waren gemeinsam zur Schule gegangen. Und trotz der vielen, vielen Jahre, die zwischenzeitlich ins Land gegangen waren, erkannten wir uns auf Anhieb wieder.

DOPPELMORD AUF DER BERGHÜTTE

Die Meldung passte so gar nicht zu den gängigen Vorstellungen und Klischees von der heilen Bergwelt. Auf der Alm da gibt's koa Sünd, heißt es schließlich in Bayern. Und jetzt war das Wirtsehepaar einer Alpenvereinshütte tot aufgefunden worden. Ermordet und in einer großen Blutlache liegend.

Für uns noch aus einem anderen Grund niederschmetternd, denn wir hatten erst kurz zuvor eine Überwachungsaktion in der Region ergebnislos abgebrochen. Wir waren von den Polizeibehörden um Hilfe gebeten worden, weil in den Chiemgauer Alpen seit geraumer Zeit immer wieder unbewohnte Almhütten aufgebrochen wurden. Konkrete Hinweise auf die Einbrecher gab es bislang nicht, doch die Spurensicherung ging davon aus, dass es sich um zwei Personen handelte. Offenbar benutzten sie die Hütten kurzfristig als Unterkunft, schliefen und kochten dort und nahmen am Ende allerlei Brauchbares mit. Neben Geld vor allem Lebensmittel und Wolldecken. Die Bergsaison war vorbei, die Wanderer wurden weniger, viele Hütten schlossen. Das kam ihnen gerade recht.

Dann wurde in einer kleinen Gemeinde im Tal ein 79-Jähriger vor seinem Haus niedergeschossen und ausgeraubt. Der Mann erlitt schwere Verletzungen, konnte aber eine vage Beschreibung der Täter abgeben. Es seien zwei Jugendliche gewesen mit einem Akzent, der auf eine Herkunft vom Balkan hindeute. Wie sie ausgesehen hatten, dazu wusste das Opfer allerdings kaum Angaben zu machen. Trotzdem ließ man einen Zeichner nach den ungenauen Beschreibungen Phantombilder anfertigen, die in der Gegend ausgehängt wurden.

Jedenfalls brachte man den Überfall mit den Einbrüchen in Verbindung und beschloss eine Überwachung der am stärksten betroffenen Bergregion. Eines dicht bewaldeten und teilweise steilen Areals, das nur schwer zu kontrollieren war. Zumindest nicht von den örtlichen Polizeikräften. Deshalb wurde um Amtshilfe beim SEK nachgesucht. Ob unsere Leute sich nicht nachts in einigen Hütten auf die Lauer legen und ungebetenen Besuchern den entsprechenden Empfang bereiten könnten. So die Anfrage.

Gemeinsam mit dem Kommandoführer stellte ich eine 16-köpfige Gruppe zusammen, die sich der Sache annehmen sollte, und begleitete sie in den Chiemgau. Mit den Kollegen vor Ort musste schließlich zuvor die genaue Vorgehensweise besprochen werden. Schon als wir den Übersichtsplan aller Almen und Hütten sahen, wurde uns mulmig zumute. Jetzt erst erkannten wir in vollem Umfang, wie weitläufig und unübersichtlich das Gelände war, wie viele Wege es gab, auf denen man sich verlaufen konnte. Vor allem wenn man sich nicht auskannte. Außerdem war die Zahl der Hütten weitaus größer als von uns angenommen.

Wo also Prioritäten setzen? Das mussten die einheimischen Kollegen entscheiden. Wir gaben nur die Zahl vor, und diese Rechnung war ganz einfach. Vier Mann pro Hütte schienen mir das Minimum, vier weitere brauchte ich für andere Aufgaben außerhalb, machte drei Objekte pro Nacht. Mehr nicht.

»Okay, dann entscheiden wir uns für diese hier«, sagte der Einsatzleiter und zeigte uns seine Karte. »Und wie wollt ihr dort hinkommen?« Gute Frage, dachte ich. Schließlich sollte das alles unauffällig geschehen, sonst konnten wir es gleich im Radio durchsagen lassen. Zu Fuß schien uns zu lang, Geländewagen waren zu auffällig und schwer zu verstecken, blieb mal wieder nur der Hubschrauber. Natürlich keine Maschine, auf der groß »Polizei« aufgemalt war. Wir besprachen noch, wo die Hüttenbesatzungen abgesetzt werden sollten, und suchten auf der Karte gute Beobachtungspositionen im Bergwald für die restlichen vier Leute, dann kehrte ich nach München zurück.

Dort stellte ich eine Ablösung zusammen, denn die Überwachung sollte mehrere Tage dauern. Es wäre schon ein unglaublicher Glücksfall, wenn die Einbrecher gleich in der ersten Nacht auftauchten. Natürlich taten sie das nicht, zumindest nicht in den von uns besetzten Hütten. Stattdessen brachen sie auf einer recht weit entfernten Alm ein. Auch die folgenden Tage vergingen ereignislos, und vor allem die zuständigen Polizeibehörden waren mehr oder weniger überzeugt, dass die kriminellen Kids inzwischen anderswo ihr Unwesen trieben. Oder dass sie vorübergehend untergetaucht waren, um von sich abzulenken. Jedenfalls wurde die Überwachung auf Anordnung des Gesamteinsatzleiters eingestellt, und die SEK-Kräfte rückten ab.

Und nun das. Ein Bergwanderer hatte die beiden Toten entdeckt. Als er die Hütte, die noch bewirtschaftet war, zugesperrt vorfand, schöpfte er Verdacht und spähte durchs Fenster in den Schankraum, sah den Wirt und seine Frau dort blutüberströmt liegen. Sobald er die Polizei informiert hatte, wurden wir zur Unterstützung angefordert, denn für die Jagd nach Mördern fühlte man sich hier nicht gerüstet.

Noch in München machten wir uns an die Planung. Schon liefen die Telefondrähte heiß: Absprachen wurden getroffen und Weisungen erteilt. Vor allem baten wir darum, dass sich die örtliche Polizei zurückhielt und nicht auf eigene Faust handelte. Und sich auf keinen Fall der Hütte näherte. Wir gingen nämlich ursprünglich davon aus, dass sich die Täter nach wie vor in der Nähe oder gar im Haus aufhalten könnten. Und deshalb wollten wir als Erstes dorthin. »Es gibt nur eine Möglichkeit«, meinte ich. »Wir lassen uns vom Hubschrauber weiter oben absetzen und nähern uns dann vorsichtig der Hütte.«

Allerdings mussten wir, um nicht hoffnungslos zu spät zu kommen, einen sehr ungewöhnlichen Transport in Kauf nehmen. Zu sechst steuerten wir den Polizeihubschrauber an, der neben Pilot und Bordwart Platz für zwei Passagiere bot. Es half alles nichts: Für vier von uns, einschließlich meiner Person, blieben nur die Kufen, wo wir uns an der Abseilvorrichtung festmachten. Eine Gewöhnungssache – und trotzdem gewöhnungsbedürftig, selbst wenn man so etwas hundertmal trainiert hatte.

Mit einer Geschwindigkeit von etwa 100 Stundenkilometern flogen wir Richtung Chiemgauer Alpen und erreichten nach einer knappen Stunde unser Ziel. Weil eine Landung in dem steilen, felsigen Gelände oberhalb der Hütte nicht möglich war, sprangen wir etwa zwei Meter über dem Boden ab. Für die Schönheit der Berge hatten wir keinen Blick. Schwer bewaffnet und in voller Schutzausrüstung tasteten wir uns langsam nach unten, sahen schon bald das Hüttendach.

»Vorsicht!«, gab ich über Funk durch. »Auf der Ost- und Westseite sichert jeweils ein Mann. Zugriffsteam arbeitet sich Richtung Haupteingang vor.« Ringsum Totenstille und kaum ein Luftzug zu spüren. Wie Katzen schlichen wir um die Hausecke, stiegen ein paar Stufen hoch und standen vor dem Fenster zur Schenke. Ein schrecklicher Anblick.

Der Hüttenwirt, ein kräftiger Mann, lag auf dem Rücken in einer großen Blutlache, die bereits angetrocknet war. In der rechten Hand hielt er den abgebrochenen Fuß eines Weißbierglases. Am Kopf ein Einschussloch. Seine Frau entdeckten wir im Durchgang zur Küche. Vermutlich von einer Kugel im Halsbereich getroffen und verblutet. Wände und Möbelstücke in dem kleinen Raum waren mit Blutspritzern übersät. Im Bruchteil von Sekunden speicherten wir all diese Eindrücke ab, denn aufhalten durften wir uns damit nicht. Schließlich bestand unsere vorrangige Aufgabe darin, die Täter zu fassen. Nicht ausgeschlossen, dass sie sich in der Hütte versteckten.

Vorsichtig pirschten wir uns an den Eingang heran. Ich gab dem Ecki einen Wink, der nahm Anlauf, stürzte sich mit einer kleinen Ramme gegen das Holz – und flog beinahe in die Hütte hinein. Die Tür war nämlich nicht abgesperrt, sondern klemmte nur. In der Schenke sahen wir das

Plakat mit den Phantombildern, das eigentlich als Warnung gedacht war. Den Wirtsleuten war es zum Verhängnis geworden. Offenbar hatten sie ihre letzten Gäste nicht nur erkannt, sondern sich auch zur Wehr gesetzt. Hatte der Wirt vielleicht gedacht, er würde mit ihnen fertig?

Ich konnte mich auch hier nicht aufhalten, musste mich ganz auf das vorgeschriebene Prozedere konzentrieren. Zwei sicherten, zwei drangen in die anderen Räume im Erdgeschoss vor, machten Meldung: »Raum frei!« Dann das Gleiche im ersten Stock, wobei wir mit bangem Herzen nach oben stiegen. Falls Wanderer hier übernachtet hatten, was würden wir dann finden? Noch mehr Tote? Bei dem Gedanken lief es mir kalt den Rücken herunter.

Zumindest diese Befürchtung bewahrheitete sich nicht. Die Schlafräume waren leer, die Bettdecken ordentlich zusammengelegt. Nichts deutete darauf hin, dass sich hier kürzlich jemand aufgehalten hatte. Blieb noch der Keller. Vorsichtig stiegen wir durch die Falltür nach unten, entdeckten jedoch nichts Ungewöhnliches. Desgleichen draußen nicht. Über Funk gab ich »grünes Licht«, dass die Leute vom Erkennungsdienst mit einem Polizeihubschrauber heraufgebracht werden konnten, um sich den Tatort genau vorzunehmen und nach Spuren zu suchen.

Für uns war der Einsatz allerdings noch lange nicht vorbei. Wir hielten uns für Spezialaufgaben bei der groß angelegten Fahndungsaktion bereit, an der außerdem unzählige Polizeistreifen aus der ganzen Gegend sowie mehrere Einsatzzüge teilnahmen. Radio- und Fernsehanstalten unterstützten die Suche nach den Mördern, baten landesweit die Bevölkerung um Mithilfe. Unzählige Bewohner der umliegenden Gemeinden durchkämmten mit Mistgabeln die Wälder. Eigentlich ein risikoreiches Unternehmen, von dem sich die aufgebrachten Menschen dennoch nicht abbringen ließen.

Dann gingen Hinweise von diversen Bergwanderern ein, die Verdächtiges bemerkt haben wollten, und immer war von einer bestimmten Hütte die Rede. Also wurden wir mit dem Hubschrauber nach oben verfrachtet, landeten direkt vor dem kleinen Gebäude. Zur großen Verwunderung der Gäste, die nicht schlecht staunten, als sie vier Männer mit Maschinenpistolen im Anschlag auf den Kufen stehen sahen. Aber viel mehr passierte auch nicht. Nachdem wir noch wirkungsvoll in die Gaststube eingedrungen waren, musste ich über Funk »Fehlalarm« melden.

Es sollte nicht der letzte sein. Von einem Parkplatz im Tal wurde ein verdächtiges Fahrzeug gemeldet, und wir sollten hin. Ein kurzer Blick auf die Alpenvereinskarte und los ging's. Wenige Minuten später landeten wir und konnten erneut nichts Auffälliges feststellen. Langsam kam es uns so vor, als sei die wachsende Verunsicherung in der Bevölkerung für all diese Falschmeldungen verantwortlich. Nun ja, zwei Mörder, die frei in der Gegend herumliefen – das war auch nicht sonderlich beruhigend.

Für uns allerdings eine lästige Geschichte, denn sobald jemand etwas meldete, mussten wir hin. Und so flogen wir stundenlang in der Gegend herum, mit klammen Fingern vom Festhalten, beobachteten Wandergruppen, landeten hier und da, um Leute zu befragen. Einen heißen Tipp bekamen wir nicht. Irgendwann schien die Sache sinnlos, und unser Einsatz wurde offiziell für beendet erklärt. Auch das gehörte bisweilen zum Alltag beim SEK, dass ein immenser Aufwand betrieben wurde, ohne dass etwas dabei herauskam. Frustrierend, aber eine Tatsache.

Die Spur der Täter fand sich erst viel später wieder. Sie führte über Österreich nach Serbien, wo die beiden Jugendlichen vor einiger Zeit aus einer Erziehungsanstalt ausgebrochen waren und wohin sie nun nach den in Bayern verübten Morden und Überfällen zurückkehrten. Eine alte Dame, die im Rundfunk den Fahndungsaufruf gehört hatte, gab den entscheidenden Hinweis. Ihr waren im Zug nach Wien zwei Jugendliche in schmutziger Kleidung aufgefallen, auf die die Beschreibung passte. Zwar gelang es dem Duo noch einmal, der Festnahme zu entgehen, weil die Frau nicht gleich Alarm schlug, doch mithilfe von Interpol konnte ihre Spur verfolgt werden. In ihrer Heimat verhaftet und vor Gericht gestellt, wurde der 16-jährige Doric V. zu acht Jahren Gefängnis verurteilt, der 18-jährige Krajan Z. musste sechs Jahre länger hinter Gitter. Eine Auslieferung an ein deutsches Gericht war mangels völkerrechtlich bindender Abkommen nicht möglich.

Trotzdem ließ sich einigermaßen rekonstruieren, was in jener Nacht in der Hütte geschah. Die beiden mehrfach vorbestraften Jugendlichen, die sich illegal in Bayern aufhielten, »verdienten« sich ihren Lebensunterhalt durch Einbrüche, bei denen sie neben Bargeld so ziemlich alles stahlen, was sie brauchten. Woher sie die Waffe hatten, gaben sie jedoch nicht preis. In dem hoch gelegenen Berghaus erhofften sie sich reiche Beute, doch der Wirt erkannte sie wohl anhand des Plakats und stellte sie zur Rede. Es kam zu Handgreiflichkeiten, in deren Verlauf der ältere der beiden Jungs die tödlichen Schüsse abgab. Daraufhin machten sie sich schleunigst aus dem Staub.

Im Frühling des darauffolgenden Jahres, als ich mal wieder in den Chiemgauer Bergen kletterte, stieg ich genau jenen Weg nach oben, den die beiden jugendlichen Mörder in jener verhängnisvollen Nacht in umgekehrter Richtung für ihre Flucht vom Tatort nutzten. Ein Klettersteig übrigens, der mit ausgesetzten Passagen, Stahlseilen und Eisenleitern ganz schöne Anforderungen stellt. Immer wieder dachte ich an die ermordeten Wirtsleute und betrat schweren Herzens die Berghütte, in der sie gestorben waren. Ganz in der Nähe erinnert in einer Felsnische eine Gedenktafel an die beiden Toten. Auch dorthin ging ich und verweilte ein wenig vor dem Bild aus Lebzeiten, um für sie zu beten.

DIE LANGE NACHT DER GEISELNAHMEN

Zwei auf einen Streich, heißt es im Volksmund. Obwohl es auf eine Geiselnahme gemünzt arg salopp klingen mag, passierte genau das Mitte der Neunzigerjahre. Zweimal hintereinander musste das SEK zu einem solchen Einsatz ausrücken, ohne dass die beiden Fälle miteinander zu tun hatten.

An einem Nachmittag gegen 16 Uhr betrat ein etwa 50-jähriger Mann eine Bankfiliale im Münchner Stadtteil Milbertshofen und forderte mit vorgehaltener Pistole die Herausgabe des Kasseninhalts. Warum Bankräuber ausgerechnet zum Schalterschluss eine Bank überfallen, werde ich des Öfteren gefragt. Ganz einfach: Sie erhoffen sich einerseits mehr Geld in der Kasse und andererseits weniger Publikumsverkehr. Stimmt vielleicht nicht immer, aber in diesem Fall verhielt es sich so.

Der mit Jeans und blauem Arbeitskittel bekleidete Täter hatte sich einen weißen Sack über den Kopf gestülpt, in den Schlitze für Augen und Mund geschnitten waren. Er ging geradewegs auf den Kassenschalter zu und bedrohte den Mann dahinter mit einer Pistole. Der Bankangestellte reagierte erstaunlich souverän, versuchte die Situation zu entschärfen. »Ganz ruhig; nicht schießen«, redete er beruhigend auf den Räuber ein, der ihm unter der Trennscheibe ein von Hand beschriebenes Din-A4-Blatt zuschob.

»Information für die Bank und die Polizei! Überfall mit Geiselnahme und zwei voneinander unabhängigen Splitterbomben. Diese können per Fernzündung zur Explosion gebracht werden. Tun Sie genau das, was auf dem Zettel steht und was ich Ihnen sage. Ich habe nichts zu verlieren, Sie alles. Schließen Sie sofort alle Türen. Die Schlüssel bekomme ich. Ziehen Sie die Lamellen vor den Fenstern zu. Alle Personen legen sich vor der Kassenkabine auf den Boden, und zwar mit dem Bauch nach unten. Vorher sind alle mitgeführten Gegenstände in der Mitte des Raumes auf den Boden zu legen. Händigen Sie mir ein Taschengeld in Höhe von 20 000 DM aus!«

Mit zittrigen Händen und jetzt völlig nervös las der Kassierer den Zettel. Ganz unten sah er das Wort »wenden«. Die Forderungen gingen also weiter. »Sie haben zwei Stunden Zeit. Jede zusätzliche halbe Stunde wird eine Geisel sterben. Sie besorgen mir vier Millionen DM in gebrauchten und nicht präparierten Scheinen. Stückelung sieben Achtel in Tausendern, Rest in Fünfhundertern und Hundertern. Sie legen das Geld in einen nicht präparierten Koffer mit Schlüssel am Griff. Sie organisieren ein Fluchtauto mit dunklen Scheiben, viertürig, gepanzert, Automatikschaltung, vollgetankt mit laufendem Motor ohne Licht, weder außen noch innen. Keine Sender, Sitzstellung für Fahrergröße etwa 1,70 Meter, Beifahrersitz nach hinten geschoben, beide Türen rechts weit geöffnet. Die Polizei hat sich mindestens 300 Meter vom Tatort zu entfernen, sie darf sich nicht verstecken. Keine Polizei im U-Bahn-Bereich, keine Hunde, keine Hubschrauber, keine Verfolger – die Bombe befindet sich im Fluchtauto. Sollten Sie die Anweisungen nicht befolgen, wird ein unschuldiger Mensch dafür sterben. Geben Sie die Mitteilung an die Presse. Denken Sie vorrangig an die Geiseln!«

Während der Kassierer noch die Rückseite des Forderungsschreibens überflog, wandte sich der Bankräuber den anderen Angestellten sowie den Kunden zu. »Hinlegen, sofort alle hinlegen! Wer nicht gehorcht, wird erschossen!«, herrschte er sie an. Ein Augenzeuge, der von außen das Geschehen beobachtete, wählte die Notrufnummer. Die ersten Polizeistreifen waren schnell vor Ort, ebenso der zuständige Außendienstleiter, der vorerst die Koordination übernahm und weiträumig die Umgebung absperren ließ. Zum Glück kam niemand auf die Idee, spontan etwas zu unternehmen und den Bankräuber zu provozieren. Alle warteten darauf, dass die bei Geiselnahmen zuständigen Spezialisten eintrafen. Mit anderen Worten: wir vom SEK.

Natürlich waren wir umgehend alarmiert worden und rückten sofort aus. Mit vier stark besetzten Gruppen, wie es die Regel ist bei einem Banküberfall mit Geiselnahme. Als wir 20 Minuten später vor Ort eintrafen, sahen wir in den Straßen ringsum das Blitzen der blauen Polizeilichter. Eine gespenstische Atmosphäre, aber passend. Schließlich vermochte in diesem Moment niemand zu sagen, wie die Geschichte ausging und ob der Mann seine schrecklichen Drohungen wahrmachte. Oder einfach eine Geisel erschoss, weil er die Nerven verlor.

Zusätzliche Informationen erhielten wir nicht. Der Außendienstleiter wusste auch nur das, was uns bereits während der Anfahrt von der Einsatzzentrale des Polizeipräsidiums mitgeteilt worden war. Dass es sich um einen bewaffneten Täter handelte, der mehrere Geiseln in seine Gewalt gebracht hatte und eine Reihe von Forderungen stellte. Kurz nach uns traf auch der für dieses Stadtviertel zuständige Polizeidirektor ein und übernahm die Leitung des Einsatzes. Wie nicht anders zu erwarten setzte er zunächst auf Verhandlungen, betonte jedoch gleichzeitig, dass er die Geiselnahme nach Möglichkeit am Tatort beendet sehen wollte. Was bedeutete, dass er den Forderungen nach einem Fluchtwagen nicht nachgeben durfte. Uns war das nur recht, denn wir liebten Zugriffe aus der Bewegung, wie das im Fachjargon heißt, ebenfalls nicht. Sie gerieten zu schnell aus der Kontrolle.

Trotzdem wurden alle denkbaren Szenarien einschließlich der möglichen Fluchtwege durchgespielt, und zivile Einsatzkräfte bezogen unauffällig an Kreuzungen und Ausfallstraßen Position, um gegebenenfalls schnell die Verfolgung aufnehmen zu können. Alles prophylaktische Maßnahmen. Vorrangig sollte verhandelt und Vorkehrung für einen Notzugriff getroffen werden, falls die Geiseln unversehens in akute Gefahr gerieten. Über einen zweiten Hauseingang schlichen sich sechs von unseren Leuten in den ersten Stock, wo sich die Büroräume der Bank befanden. Mucksmäuschenstill saßen dort zwei Mitarbeiter des Filialleiters, die beim Anblick der schwer bewaffneten Gruppe in Panzerwesten und mit Helm den Finger vor die Lippen legten und auf eine offene Treppe deuteten, die hinunter in den Schalterraum führte. Flüsternd teilten sie uns mit, dass sie während des Überfalls reglos auf ihren Stühlen sitzen geblieben seien, um den Mann nicht auf sich aufmerksam zu machen.

Wesentlich Neues und für unsere Taktik Hilfreiches wussten sie indes nicht zu berichten. Deshalb stellte sich der Notzugriffstrupp zunächst einmal an der Treppe auf, 10 bis 15 Meter vom Geiselnehmer entfernt. Eine prekäre Situation. Nicht auszudenken, was passierte, wenn der Mann plötzlich auf die Idee käme, nach oben zu gehen. Womöglich gar in Begleitung einer Geisel. Doch wir hatten Glück, denn entweder übersah er die Treppe in der Aufregung oder erkannte ihre Bedeutung nicht.

Während also die Notzugriffstruppe auf der Lauer lag, schauten wir uns im Büro des Filialleiters auf einem Monitor das Videoband vom Überfall an, das uns leider ebenfalls nicht weiterbrachte. Wir sahen darauf nur, dass der Räuber sämtliche Eingänge verschlossen hatte, und positionierten daraufhin weitere Einsatzkräfte seitlich des Haupteingangs und an einer Hinterhoftür. Zudem kamen meine Präzisionsschützen jetzt ins Spiel. Zwölf dieser treffsicheren Spezialisten errichteten sechs Feuerbereiche rund um das Bankgebäude, wobei sich die Entfernungen zwischen 50 und 100 Metern bewegten. Besonders ins Visier nahmen sie den Haupteingang, falls dort irgendwann ein Fluchtfahrzeug bereitgestellt würde.

Wenn man später davon erzählt, merkt man gar nicht, dass alles praktisch gleichzeitig geschah. Zeit für lange Vorbereitungen hatten wir in der Regel nicht. Unsere Zugriffspläne entstanden fast immer unter immensem Druck, so auch diesmal. In unserer internen Befehlsstelle, die auf die Schnelle in einem Nachbargebäude eingerichtet wurde, saßen wir zusammen und überdachten die verschiedenen Möglichkeiten mit ihren jeweiligen Vor- und Nachteilen, traten jedoch letztlich auf der Stelle.

Die Zeit verging, ohne dass die Situation sich änderte und ohne dass uns eine zündende Idee gekommen wäre. Plötzlich meldete ein Beobachtungsposten, jemand habe die geschlossenen Lamellen am rückwärtigen Fenster ein wenig verdreht, und er könne jetzt auf etwa fünf Meter Breite die Schalterhalle einsehen. Das war gut, sehr gut sogar, denn von nun an informierte er uns über alles, was er sah. Eine männliche Geisel saß reglos auf einem Stuhl, die anderen entdeckte er zunächst nicht. Wohl aber den maskierten Täter, der seinen Aussagen zufolge ständig herumlief und eine großkalibrige Waffe in der rechten Hand hielt.

Wir fragten uns, ob er eine bestimmte Absicht verfolgte. Hatten seine Rundgänge ein bestimmtes Ziel? Nachdem uns Grundrisspläne der Bank gebracht worden waren, wussten wir es: Es war der gepanzerte und ringsherum geschlossene kleine Kassenraum, auf den er immer wieder zusteuerte. Vielleicht bot er uns hier einmal Angriffsfläche für einen Zugriff, in relativ weiter Entfernung von den Geiseln. Meine Präzisionsschützen richteten aus allen erdenklichen Winkeln ihre Fernrohre auf den Schalterraum, doch ein klares Bild ergab sich nicht. Zu gefährlich also.

Eines allerdings wurde zunehmend deutlicher. Wir hatten es, so die Einschätzung unserer Verhandlungsspezialisten, mit einem gewaltbereiten und zu allem entschlossenen Täter zu tun. Telefonische Kontakte mit ihm hätten das eindeutig ergeben. Er lasse sich nicht von der Polizei an der Nase herumführen, sagte er mehrmals oder brach zwischendurch Gespräche einfach ab. Trotzdem blieben unsere Leute hartnäckig am Ball, bemühten sich um immer neue Kontaktaufnahmen und erfuhren zumindest

Näheres über die Geiseln. Neben zwei Angestellten handelte es sich um drei Kunden, darunter eine Frau.

Noch etwas Interessantes wusste der Verhandlungsführer zu berichten: dass nämlich der Bankräuber sein Ultimatum nicht mehr erwähnte. Die Drohung, dass er nach zweieinhalb Stunden bei Nichterfüllung seiner Forderungen die erste Geisel töten werde. Hatte er das etwa in der Aufregung vergessen? Unser Team hütete sich, ihn darauf anzusprechen. Dennoch stieg die Spannung bei allen Beteiligten, als die festgesetzte Zeit sich ihrem Ende entgegenneigte. Nichts. Erleichtert atmeten wir auf, als hätten wir bereits die erste Hürde genommen.

Dann aber ein neues Problem. Eine der Geiseln klagte über Herzbeschwerden, teilte der Täter mit, er wollte jedoch keinen Arzt hereinlassen. War das der Anlass für einen sofortigen Zugriff? Ja, soweit es um diese eine Geisel ging. Nein, wenn man auch an die anderen dachte, denn die würden eventuell unnötig gefährdet. Bevor wir zu einem Entschluss kamen, gab die Verhandlungsgruppe Entwarnung. Man hatte dem Mann eingeredet, dass eine kranke Geisel für ihn eine massive Belastung darstelle. Minuten später öffnete sich die Haupteingangstür, und ein sichtlich gezeichneter Mittdreißiger trat hinaus in die offene Vorhalle. Verdeckt aufgestellte Zugriffskräfte wiesen ihm flüsternd die Richtung, damit er rasch aus dem Schussfeld gelangte.

Seine Beschwerden stellten sich zum Glück als harmlos heraus, sodass er gleich vor Ort von der Kripo befragt werden konnte. Es handelte sich übrigens um Beamte der Mordkommission, die bei Geiselnahmen generell zuständig ist.

Während die befreite Geisel nach Stunden der Angst letztlich außerstande war, hilfreiche Angaben zu machen, kamen diese von völlig unerwarteter Seite. Der Stellvertreter des Filialleiters war soeben im Büro erschienen, um Getränke zu holen, und bestätigte uns, dass unten im Schalterraum der Aufmarsch des Einsatzkommandos unbemerkt geblieben sei. Er selbst war zunächst völlig überrascht von der bewaffneten Präsenz unserer Leute, bewies anschließend aber wirkliche Größe. Er wollte wieder nach unten, weil er sich den anderen Geiseln gegenüber verpflichtet fühlte und von diesen als Vertrauensperson betrachtet wurde. Eine ebenso mutige wie gewagte Entscheidung. Und aus unserer Sicht durchaus positiv, weil seine Flucht die Lage vermutlich unnötig verschärft hätte.

Bevor er mit den Getränken wieder nach unten ging, als sei nichts gewesen, versorgte er uns schnell mit ein paar Informationen. Wir erfuhren, dass der Geiselnehmer sich hauptsächlich im Bereich des östlichen Personaleingangs aufhielt, seine Maske bislang nicht abgesetzt und die Pistole in der Seitentasche seines Arbeitskittels stecken hatte. Für den Fall, dass der Bankangestellte nochmals hochgeschickt würde, wollten wir ihn mit einer »Wanze« ausstatten. Mit einem solchen Abhörgerät ließen sich nicht nur Gespräche verfolgen, sondern auch die jeweiligen Standorte des Täters leichter lokalisieren. Eine große Hilfe für den Zugriff, aber vorerst brachen die Kontakte ab.

Dann neue Aufregung. Der weiblichen Geisel war offenbar erlaubt worden, die Toiletten beim hinteren Eingang aufzusuchen. Dort wo die Zugriffsgruppe wartete. Ohne große Worte zogen unsere Leute die junge Frau, nachdem sie die Tür geöffnet hatte, aus dem Gebäude: »Abpflücken« heißt das im Polizeijargon. Die 25-jährige Kundin, die Übelkeit vorgetäuscht und behauptet hatte, sie müsse sich übergeben, war heilfroh, draußen zu sein. Um eine Überreaktion des Täters zu verhindern, teilte ihm der Verhandlungsführer über Telefon mit, seiner Geisel sei es gelungen, aus dem Gebäude zu fliehen. Erstaunlicherweise reagierte der Mann gelassen und bezeichnete die junge Frau als »hysterische Kuh«. Außerdem werde er sowieso nur eine männliche Geisel mitnehmen, erklärte er.

Positiv an dieser Aussage fanden wir, dass er offenbar die meisten Geiseln gehen lassen würde. Negativ hingegen die Aussicht, dass er tatsächlich seine Flucht erzwingen wollte. Was uns vor die Notwendigkeit stellte, die Geschichte sozusagen in »voller Fahrt« zu beenden. Da er allerdings nicht mehr nach dem bereitzustellenden Fahrzeug fragte, entwickelten wir zwei Zugriffsvarianten.

Die eine setzte darauf, dass erneut eine Geisel zur Toilette ging. Wenige Minuten später sollten unsere Leute laut an die Tür des Personaleingangs klopfen. Falls der Täter selbst nachschaute, könnte man ihn an Ort und Stelle überwältigen. Die andere Variante sah vor, in dem kleinen Kassenraum zuzugreifen, sobald unser Beobachter und die Präzisionsschützen meldeten, dass er sich dort allein aufhielt. Zwei Gruppen sollten dann gleichzeitig in den Schalterraum vordringen, die eine vom ersten Stock, die andere vom Personaleingang aus. Alle fieberten wir einem Zugriff entgegen, egal welchem. Hauptsache, es war bald vorbei.

Eine Bankangestellte, die eigens vorbeikam, um sich nützlich zu machen, raubte uns alle Illusionen Plan zwei betreffend. Sie erklärte uns nämlich, dass es durch die Verglasung des Kassenraums zu Spiegelungen komme und der genaue Standort einer Person nicht einwandfrei auszumachen sei. Damit war diese Option vom Tisch.

Inzwischen war es bald 22 Uhr, und unverändert befanden sich drei Geiseln in der Gewalt des Täters. Nach längerer Funkstille spitzte sich die Lage unvermittelt dramatisch zu, als der Bankräuber plötzlich auf seine Forderungen nach Geld und Fluchtfahrzeug zurückkam. Sonst werde er einer Geisel ins Knie schießen, drohte er.

In diesem Moment beschlossen wir, nicht länger zu warten. Nur musste eine neue Zugriffsvariante her. In unserer kommandointernen Einsatzstelle diskutierten und verwarfen wir alle möglichen Ideen. Unsere Köpfe rauchten. Endlich hatten wir's gefunden: einen Plan, der auf einer Ablenkung basierte und damit stand und fiel, dass der Geiselnehmer mitspielte.

Inzwischen wussten wir zuverlässig, von welchem Telefon aus die Gespräche geführt wurden, und das wollten wir uns zunutze machen. Sobald der Apparat klingelte und der Geiselnehmer abhob, sollte der Zugriff erfolgen. Eine riskante Sache, aber immerhin bereiteten sich unsere Leute seit sechs Stunden innerlich auf einen solchen Extremfall vor. Es war überdies höchste Zeit, denn Geräusche im Erdgeschoss wiesen eindeutig darauf hin, dass die Hintertür verbarrikadiert werden sollte. Genau jener Eingang, hinter dem einer unserer Zugriffstrupps wartete.

Die Zeit für weiteres Planen und Überlegen war vorbei. Die Einsatzleitung beauftragte den Verhandlungsführer, auf der Stelle anzurufen und den Geiselnehmer unter irgendeinem Vorwand möglichst lange am Telefon zu halten. Der Kollege machte seine Sache richtig gut, schwadronierte mit dem Gangster über das geforderte Fahrzeug und den Geldbetrag. Das Ablenkungsmanöver funktionierte, die Wachsamkeit des Bankräubers ließ nach.

Viel zu spät merkte er, dass von hinten unsere Männer eindrangen, und dann waren sie auch schon bei ihm, packten ihn mit geübten Griffen, banden Hände und Füße zusammen. Gleichzeitig schlug ein anderer ihm die Waffe aus der Hand, und ein weiterer riss ihm die Maske vom Kopf. Ein ängstliches Gesicht kam zum Vorschein. Überhaupt wirkte der ganze Mann fast wie ein Häufchen Elend. Doch angesichts der Ängste, die seine Geiseln auszustehen hatten, war Mitleid kaum am Platz.

Ich befand mich unmittelbar hinter den Zugriffskräften und hörte die Kommandos des zuständigen Gruppenführers: »Geiseln raus! Vorsicht, Täter hat mit Sprengstoff gedroht. Durchsuchen und Abführen!« Dann über Funk die offizielle Meldung: »Täter festgenommen, Geiseln unverletzt befreit!« Endlich, nach all den Stunden des Wartens und der Ungewissheit. Im Hintergrund hörte man Applaus und Ausrufe der Freude. Alle waren sichtlich erleichtert, dass eine nicht ganz einfache Geiselnahme mit Erfolg beendet werden konnte. Aber was war und ist schon einfach, wenn man es mit Gewaltkriminalität zu tun hat?

Im Nachhinein stellte sich übrigens heraus, dass der Mann bei Licht besehen ein kriminelles Leichtgewicht war. Er hatte auf Bali gelebt und wollte dorthin zurück. Dafür brauchte er Geld. Der Banküberfall war keine spontane Tat, sondern von langer Hand geplant, doch er verstand sich nicht wirklich auf dieses Geschäft. Allerdings hatte er wirkungsvoll geblufft, obwohl es sich bei seiner

Waffe bloß um einen Schreckschussrevolver und bei dem angeblichen Sprengsatz um eine leere Drohung handelte. Trotzdem mussten wir von anderen Voraussetzungen ausgehen. Wenn es um den Schutz Unschuldiger ging, hatten Spekulationen und Vermutungen keinen Platz. Bei den Ermittlungen der Kripo kam außerdem heraus, dass unser verhinderter Bankräuber zeitweilig psychiatrisch behandelt worden war, was zusätzlich einiges erklärte. Und noch ein ziemlich bizarres Motiv förderte man mutmaßlich zutage. Nicht um Geldbeschaffung sei es primär gegangen. Der Mann habe es darauf angelegt, in einem spektakulären Showdown von der Polizei erschossen zu werden. Offenbar nach dem Motto »Einmal berühmt sein«. Acht Jahre musste er für diese Verirrung hinter Gitter.

Wie immer fuhr das SEK nach beendetem Einsatz zunächst zur Dienststelle zurück, um in einer Nachbesprechung das Ganze zu analysieren, bevor es endgültig heimwärts ging. Für mich allerdings stand an diesem Abend anderes auf dem Plan. Ich musste noch zur Polizeischule Ainring im Berchtesgadener Land, wo ich als Referent für Geisellagen einen Lehrauftrag innehatte.

Gegen Mitternacht fuhr ich los, inzwischen todmüde und ausgelaugt, denn ein Geiseldrama stellt für jeden beteiligten Polizisten eine gewaltige physische und psychische Belastung dar. Allein schon dauerhaft vollste Konzentration zu bringen geht an die Substanz. Und das über Stunden. Hinzu kommt die Angst, Fehler zu begehen und die Geiseln zu gefährden. Keiner weiß schließlich den

Ausgang so einer prekären Situation vorherzusagen. Man arbeitet regelrecht ins Ungewisse und kann nur auf einen glücklichen Ausgang hoffen.

Während ich bei moderatem Tempo über die ziemlich leere Autobahn Richtung Berge fuhr, ließ ich in Gedanken das mehr als sechsstündige Geiseldrama noch einmal Revue passieren. Obwohl der Einsatz erfolgreich zu Ende gebracht wurde, fragte ich mich kritisch, ob wir alles richtig gemacht hatten. Das tat ich immer, das sollte man auch, denn nach Fehlern zu suchen ist so oder so hilfreich. Selbst dann, wenn sie sich nicht negativ auswirkten. Nur: Was wäre gewesen, wenn?

Ich erinnerte mich an eine heikle Situation. Als der Bankräuber die weibliche Geisel zur Toilette gehen ließ, sah ich kurzfristig den Schatten seiner Maskierung, diesen komischen weißen Sack, den er über den Kopf gestülpt trug. Ich stand zu diesem Zeitpunkt unmittelbar hinter den Zugriffskräften bei der Hintertür. Als wir Geräusche von drinnen wahrnahmen, wichen wir automatisch zurück und versteckten uns in einer Nische. Gott sei Dank blieb der Täter in der Bank. Wenn er nun der Geisel gefolgt wäre, nach draußen geschaut und uns entdeckt hätte? Eine Konfrontation wäre unvermeidlich gewesen und der Einsatz von Schusswaffen vermutlich ebenfalls. Waren wir zu nahe dran gewesen? Hätten wir uns noch ungesehen zurückziehen können? Eine Frage, die wir nicht bedacht hatten. Zumindest können nachträgliche Einsichten helfen, es beim nächsten Mal besser zu machen. Aus diesem Grund waren auch die Nachbesprechungen sehr wichtig, weil nach dem Einsatz immer zugleich vor dem Einsatz war.

Die Uhr zeigte halb zwei, als ich den Pförtner der Polizeischule herausklingelte. »Wo kommen Sie denn her?«, fragte er sichtlich überrascht, hakte meinen Namen auf der Referentenliste ab und reichte mir den Zimmerschlüssel. »Direkt von einer Geiselnahme in München, darüber kann ich morgen gleich referieren«, antwortete ich bloß und strebte nur noch meinem Bett zu. Endlich schlafen. Ich war hundemüde, und die Nacht würde ohnehin sehr kurz sein. Gleich in der Früh musste ich mein Referat halten.

Das Erste, was ich am Morgen zu hören bekam, war ein aufgeregter Bericht von einer Geiselnahme in München, die mit der Erschießung des Täters geendet habe. Ich korrigierte den Seminarleiter: »Niemand ist verletzt worden.« »Aber ja«, beharrte der andere, »es wurde gerade eben im Radio gebracht. Der Täter ist durch einen Präzisionsschuss getötet worden, nachdem er die Erschießung seiner Geisel angekündigt hatte.«

Jetzt wurde ich hellhörig. Was war denn da passiert? Vom Büro aus rief ich unseren Innendienstleiter an. »Ja, stimmt schon. Es gab heute Nacht eine weitere Geiselnahme. Deshalb ist bislang auch kaum jemand da. Es ging alles so schnell, dass man dich gar nicht mehr alarmieren konnte.« Unglaublich: zwei Geiselnahmen in einer Nacht, quasi ein Doppelschlag. Ein paar Stunden später, in einer Pause des Lehrgangs, ließ ich mir von meinem Chef berichten, was sich zugetragen hatte.

Um zwei in der Früh, kurz nach meiner Ankunft in Ainring also, meldete sich ein gewisser Erwin K. über den Notruf 110 bei der Polizei und erklärte kurz und bündig, dass er seine Freundin nach einem Streit als Geisel genommen habe. Und er werde auf jeden schießen, der in seine Nähe komme. Anrufe wie diesen gab es immer wieder, und zumeist stellten sie sich als harmlos heraus. Oft handelte es sich um Betrunkene, die kurzfristig mal ausrasteten. Trotzdem musste man der Sache nachgehen, und so schickte die Einsatzzentrale auch in diesem Fall zwei Doppelstreifen los.

Erwin K. lebte mit seiner Freundin in Thalkirchen in einer Zweizimmerwohnung im zweiten Stock eines vierstöckigen Gebäudes. Die Haustür befand sich auf der Rückseite und war durch einen seitlichen Torbogen zu erreichen. Zwar hatten die Streifenwagen Martinshorn und Blaulicht vorschriftsmäßig ausgeschaltet, bevor sie sich der ruhigen Anliegerstraße näherten, doch der Geiselnehmer erwartete sie bereits, feuerte vom Balkon seiner Wohnung aus einer Pumpgun. 20 Schüsse zählten die Polizisten später. Zum Glück wurde keiner von ihnen getroffen, und die meisten Projektile schlugen in die Wand des Tordurchgangs ein.

Nachdem damit zweifelsfrei klar war, dass man es nicht bloß mit einem randalierenden Betrunkenen zu tun hatte, wurde das SEK alarmiert. Schon wieder, denn die Männer, die gerade erst von dem Banküberfall heimgekommen waren, hatten vielleicht eine Stunde geschlafen. Entsprechend lange dauerte es, sie aus den Federn zu kriegen. Manche befanden sich im Tiefschlaf und mussten mehrmals angepiepst und zugleich angerufen werden. Einigermaßen wach wurden sie erst, als ihnen die Ungewöhnlichkeit der Situation richtig bewusst wurde. Ein Doppelschlag war selbst für das SEK Südbayern, das schon so einiges erlebt hatte, ein Novum. Und das wollte etwas heißen.

Bereits 45 Minuten nach dem Alarm näherte sich der Notzugriffstrupp, sechs schwer bewaffnete Männer in voller Kampfausrüstung, dem im Hof gelegenen Hauseingang. Es war ziemlich dunkel. Nur der Schnee, der als dünne Schicht den Boden bedeckte, reflektierte das spärliche Licht einer Laterne. Geschützt hinter Panzerschilden schlichen die Männer leise ins Treppenhaus. Kein Laut war zu vernehmen, denn seit Abgabe der Schüsse herrschte Totenstille.

Anders an der Straße, denn dort, außer Sicht- und Hörweite zur Tatwohnung, ging es hoch her. Hier versammelten sich alle möglichen Polizeikräfte sowie Mitglieder der Verhandlungsgruppe und der Pressestelle. Auch ein Rettungsfahrzeug mit Notarzt war bereits eingetroffen. Jetzt musste schnellstmöglich der Einsatz koordiniert werden. Als Erstes brauchte man Pläne und Informationen über das ausgesprochen verwinkelte und unübersichtliche Gebäude. Meine Kollegen klingelten den Hausmeister aus dem Bett, der sich schnell einen Bademantel überwarf und sie begleitete. Von ihm erfuhren sie alles Notwendige über Zugänge, Notausgänge und Zufahrten in die Tiefgarage. Währenddessen arbeiteten sich die Notzugriffskräfte im Treppenhaus nach oben vor. Andere Einsatzkräfte, die inzwischen ebenfalls eingetroffen waren, lösten die regulären Polizisten ab und übernahmen die Sicherung des Gebäudes.

Kurz darauf Geräusche von oben, vermutlich aus der Wohnung von Erwin K. Vor allem der Zugriffstrupp hoffte, dass der Mann nicht herauskam. Dann ließe sich ein Schusswechsel kaum vermeiden, und das wäre es dann gewesen mit einer friedlichen Lösung. In solchen Situationen klopfte selbst den härtesten Burschen das Herz bis zum Hals. Davor war niemand gefeit, trotz aller Erfahrung und trotz allen Trainings nicht. »Lampen aus«, flüsterte der Teamführer, während alle mit angehaltenem Atem nach oben horchten, wo sich eine Tür öffnete.

Das Licht wurde angeschaltet, eine Person erschien auf dem Treppenabsatz. Entwarnung und erleichtertes Aufatmen, denn es handelte sich um eine zierliche junge Frau, die verstört und sichtlich verängstigt auf die martialisch aussehenden Männer mit den gezogenen Waffen blickte. Kreidebleich stotterte sie Unverständliches, fasste sich aber schnell und erklärte den Einsatzkräften, ihr Freund sei mit drei Waffen in die Tiefgarage geflüchtet. Aha, die Lebensgefährtin und zeitweilige Geisel. Evelyn R. fügte noch hastig hinzu, der Mann werde auf alles schießen, was sich in seiner Nähe bewege. Ausnahmslos.

Nachdem die Frau nicht mehr in Gefahr war, beschloss die Führungsriege eine neue Strategie. Sämtliche Männer zur Tiefgarage, lautete die Parole, allen voran der Notzugriffstrupp. Nur langsam und unter strengster Beachtung der eigenen Sicherheit ging es vorwärts. Immer wieder verharrten unsere Leute, lauschten in die Dunkelheit. Es gab hier unten so viele Zugänge und Nischen. Dann eine verschlossene, aber nicht versperrte Kellertür. »Begrüßungsschüsse« hallten von den Wänden wider, als die Männer vom Notzugriff sie einen Spaltbreit öffneten. Kugeln prallten gegen die gepanzerten Schutzschilde. Sie selbst hingegen sahen, als sie einen Scheinwerfer auf ihn richteten, nur noch seine Silhouette in einer Kellernische verschwinden.

Aufgrund seiner Ortskenntnisse war der Täter eindeutig im Vorteil. Deshalb sollte jetzt zunächst ein Polizeihund zum Einsatz kommen. Vorsichtig lotste man den Hundeführer, der ebenfalls dem SEK angehörte, mit weiteren Kollegen zum Notzugriffstrupp. Anspannung lastete auf allen. Eine Jagd in einer verwinkelten Tiefgarage mit unzähligen Kellerausgängen war nicht gerade erste Wahl. Und was hatte der Täter vor, wo hielt er sich versteckt?

Es war ein Vabanquespiel. Vorsichtig wurde die Tür geöffnet und mit einem Schutzschild abgedeckt, während andere mit starken Taschenlampen die Gänge ausleuchteten. Der Hundeführer stand in gebückter Haltung da, seinen Hund dicht neben sich am Halsband haltend. Er flüsterte unverständliche Worte, ein Ritual. Zwischendurch war kurz der Täter in einer etwa 20 Meter entfernten Nische zu sehen, wich aber sofort in den Schatten zurück. Trotzdem wussten unsere Männer jetzt, wo er steckte.

Die Ereignisse überstürzten sich. Der Hundeführer ließ das Halsband los und gab damit für den belgischen Schäferhund das Kommando zum Losrennen. Mit rekordverdächtiger Geschwindigkeit schnellte das Tier vorwärts, dann ein kurzer Aufschrei und zwei Schüsse. Die Wartenden ahnten Schreckliches. Der speziell ausgebildete Kampfhund packte zwar einen Arm des Täters, doch ein Schuss aus der Pistole in der anderen Hand tötete ihn. Die Pumpgun allerdings verlor Erwin K. bei diesem Angriff. Sie blieb auf dem Betonboden zurück, als er in dem dunklen Kellerlabyrinth verschwand. Nicht ohne jedoch erneut auf die vorrückenden Notzugriffskräfte zu feuern.

Als Nächstes probierte man es mit Pyrotechnik. Auch das durchschaute der Täter und ließ sich nicht provozieren, seine Munition zu verschießen. Außer einem Höllenlärm und dicken Rauchschwaden, die die Sicht behinderten und ein gespenstisches Bild erzeugten, kam nichts dabei heraus. Dann fiel eine Stahltür ins Schloss, und Ratlosigkeit machte sich breit. Deprimiert zogen sich alle erst einmal mit dem toten Vierbeiner zurück, um das eigene Vorgehen neu zu überdenken. Wie sollte man diesem zu allem entschlossenen Täter beikommen und ihn aus seinem Bau locken? Nach wie vor strebte der Einsatzleiter eine gütliche Lösung an. Zum Glück halte Erwin K. ja keine Geisel mehr fest, meinte er. Was sich jedoch schnell ändern sollte.

Während SEK und Einsatzleitung noch diskutierten, schlich sich der Täter unbemerkt hinter die auf der Straße wartende Verhandlungsgruppe. Setzte deren Leiter den Lauf seiner Pistole an den Kopf, packte ihn am Oberarm und zog ihn Richtung Tierpark mit sich davon. Wie er die Tiefgarage verlassen konnte, wurde nie geklärt, vermutlich über eine Verbindung zum Nebenhaus.

Nachdem sich der gekidnappte Polizist ein wenig vom ersten Schreck erholt hatte, besann er sich auf seine exzellenten Kenntnisse in psychologischer Verhandlungsführung, versuchte seinen Entführer in ein Gespräch über Familie und Kinder zu verwickeln. Nichts. Ganz im Gegenteil: Das Thema schien Erwin K. zu verärgern. Immer wieder ließ er sein Opfer hinknien, drückte ihm die Waffe an den Kopf und schrie: »Ich knall ihn ab!« Eine kaltblütige und höhnische Inszenierung für die bayerische Elitetruppe, die bislang an ihm gescheitert war. Jetzt folgte man ihm mit einem gepanzerten Sonderwagen. Fünf Mann, Zugriffskräfte und Präzisionsschützen, die aus einem Abstand von etwa 30 Metern das Geschehen beobachteten. Mehr konnten sie nicht tun – alles andere wäre zu gefährlich gewesen.

Inzwischen war es bald fünf in der Früh, aber der Jahreszeit entsprechend nach wie vor stockdunkel. Nur im Scheinwerferlicht ließen sich Täter und Geisel verfolgen, die sich nunmehr auf die Isarauen zubewegten. Wieder musste der Verhandlungsführer niederknien, während Erwin K. Schüsse auf den Panzerwagen abgab. Erst einen, dann weitere als Antwort auf die Aufforderung, sich zu ergeben und die Geisel freizulassen. Das brachte die Entscheidung für den finalen Rettungsschuss. Anders ließ sich die Sicherheit der Geisel nicht mehr gewährleisten, so die übereinstimmende Einschätzung.

Die Lage spitzte sich weiter zu. Erwin K. ließ sein Opfer zum dritten Mal hinknien und drohte mit sofortiger Erschießung. Dann ein Schuss, der wie ein Schrei durch die Isarauen hallte. Der finale Rettungsschuss, gerade noch rechtzeitig. Einer der Präzisionsschützen hatte in Sekundenbruchteilen Notwendigkeit wie Chance erkannt und ergriffen. Hatte geschossen, bevor der andere es tun konnte. Alle sahen, wie Erwin K. einknickte und sein Oberkörper nach hinten fiel. Mit ausgestreckten Armen, die Pistole noch immer in der rechten Hand, lag er reglos auf dem Boden. Der Verhandlungsführer kniete mit gesenktem Kopf im Schnee, die Hände vor den Augen, und bewegte sich nicht.

Der Rest war Routine. Notarzt, Versorgung der Geisel, Durchsuchung des Täters, Sicherstellen der Waffen und anderes mehr. Bei dem Getöteten fand man eine Pistole Kaliber 9 mm, einen Revolver Kaliber 357. Magnum und

100 Schuss Munition. Bei der Obduktion wurde festgestellt, dass der getötete Schäferhund dem Täter erhebliche Bissspuren am rechten Arm beigebracht hatte, sodass dieser seine Pumpgun nicht mehr halten konnte. Zum Glück für unsere Leute, denn sonst wäre womöglich noch mehr passiert.

Eine Rekonstruktion des Tatablaufs durch die Kriminalpolizei ergab, dass der Geiselnehmer 50-mal auf Polizeikräfte schoss, davon etwa 30-mal auf SEK-Männer. Die Polizei hingegen gab während des gesamten Einsatzverlaufs bloß einen einzigen Schuss ab, den entscheidenden allerdings. Weniger eindeutig ließ sich wie so oft eruieren, was die Tat ausgelöst hatte. Von einem Brief seiner Exfrau war die Rede, in der sie Unterhalt forderte. Angeblich rastete er nach Lektüre dieses Schreibens aus, aber wirklich nachvollziehbar war das alles nicht. Sicher hatten mehrere Faktoren zusammengewirkt, wie wir es gerade bei solchen Kurzschlussreaktionen meistens erlebten.

In einer Pressekonferenz der Polizei bedauerte der Einsatzleiter zwar die Tötung des Täters, hob aber zugleich hervor, dass nur dadurch die Geisel gerettet werden konnte. Auch die Staatsanwaltschaft, die in solchen Fällen ermittelt, sah das so. Und was mich betraf, so konnte ich an jenem denkwürdigen Tag mein Referat in Ainring gleich durch zwei neue Anschauungsbeispiele aktualisieren.

Um den Schützen, der zu meiner Einheit gehörte, kümmerte ich mich später selbst. Obwohl alles nach Vorschrift und Gesetz gelaufen war – die Tötung eines Menschen musste verarbeitet werden. Deshalb bot ich ihm sogleich ein Gespräch an. Ob er seine Eltern mitbringen könne, fragte er. »Natürlich«, erwiderte ich, denn Hilfe seitens der Familie war in solchen Fällen unendlich wichtig.

Schon nachmittags saßen wir in meinem Büro zusammen. Wenngleich ich den Hergang lückenlos kannte, ließ ich ihn einfach erzählen. Ich wusste aus eigener Erfahrung, dass Reden gut war für die Seele! Außerdem sicherte ich ihm meine volle Unterstützung zu und sprach ihm, mehr noch, meine Hochachtung aus. »Du hast einer Geisel das Leben gerettet und in einer schwierigen Situation Mut, Reaktionsvermögen und Nervenstärke bewiesen. Du hast alles richtig gemacht.«

Er war in der Tat einer meiner besten Mitarbeiter, und genauso sagte ich es auch den Eltern. Nach dem Gespräch hatte ich das gute Gefühl, dass der junge Mann diesen Einsatz mit Todesfolge verarbeiten würde. Und damit sollte ich recht behalten.

GROSSEINSATZ MIT ZWÖLF GEISELN

Es gab Einsätze, da fuhren wir zum Tatort und hatten keine Ahnung, worum es eigentlich ging. »Schnell, es pressiert«, hieß es dann nur. »Alles Nähere über Funk.« Dann griffen zwischen 15 und 60 SEK-Männer nach den gepackten Einsatztaschen, rannten in die Waffenkammer und von dort in die Tiefgarage zu den Autos, PS-starken Limousinen, die erst als Polizeifahrzeuge zu erkennen waren, wenn das Blaulicht mit Magnethaftung aufs Dach gesetzt wurde.

So ähnlich verlief es auch bei diesem Fall. Als gegen Mittag der Alarm kam, machten wir uns einfach startklar wie bei einem Ausflug ins Blaue. Zwei Gruppen zu je acht Leuten, dazu vier Führungskräfte, ich und drei andere. Unser Chef hielt sich gerade im Polizeipräsidium auf. Ich rief ihn an, ob er Näheres wisse. »Geduldet euch noch. Sobald ich etwas weiß, melde ich mich.«

Kurz darauf kannten wir zumindest unser Ziel: eine Marktgemeinde, 50 Kilometer südöstlich von München. Dann weitere Details. »Eine bisher unbekannte männliche Person scheint mehrere Geiseln in einer Zahnarztpraxis genommen zu haben. Motiv völlig unbekannt«, sagte unser Kommandoführer und nannte uns die Adresse, wo wir uns mit ihm treffen sollten.

In der Straße wimmelte es bei unserer Ankunft bereits von Polizeiwagen. Auch Notarzt und Feuerwehr waren schon vor Ort. Dazu jede Menge Streifen- und Verkehrspolizisten sowie Kriminalbeamte und Polizeipsychologen. Wir konnten uns nur wundern. »Das schaut ja fast aus, als hätte man uns beim Alarmierungsplan vergessen«, sagte ich zu einem der Gruppenführer. Egal. Jetzt war keine Zeit für Kompetenzgerangel. Wir brauchten genaue Informationen, und zwar umgehend.

Folgendes hatte sich ereignet: Ein mit grüner Sturmhaube maskierter Täter betrat gegen zehn die Zahnarztpraxis im dritten Stock eines Wohnblocks, suchte zunächst die Toilettenräume auf, um kurz darauf mit einer großkalibrigen Faustfeuerwaffe in der Hand wieder herauszukommen. Insgesamt zwölf Personen brachte er in seine Gewalt: den Zahnarzt, die Zahnarzthelferinnen, den Laboranten sowie mehrere Patienten. Das Drama blieb lange unentdeckt, weil der Geiselnehmer weder Kontakt nach draußen suchte noch hereinkommende Telefongespräche entgegennahm. Die Tür zur Praxis sperrte er ab. Mancher Patient wunderte sich zwar, schöpfte aber keinen Verdacht, dass es da nicht mit rechten Dingen zuging.

Erst Stunden später rief jemand die Polizei an, die wiederum uns und die Verhandlungsgruppe alarmierte. Auf deren Bemühungen hin kam in den frühen Nachmittagsstunden immerhin ein erster Kontakt zum Geiselnehmer zustande. Kein direkter allerdings, denn der Mann schaltete die Zahnarzthelferin Cordula P. als Sprachrohr ein. Wir erfuhren, dass es sich um einen 27-jährigen Lagerarbeiter bei einer Autofirma und um zwölf Geiseln handelte.

Grund genug für das SEK, das ganze Kommando zu alarmieren: 60 Mann, die nach und nach eintrafen.

Inzwischen war unser Kommandoführer ebenfalls vor Ort und verteilte die Aufgaben: Positionierung von Einsatzkräften, Vorbereitung eines regulären Zugriffs mit verschiedenen Optionen, Errichten von Beobachtungs- und Präzisionsschützenstellungen, Bereitstellen von sechs schnellen Fahrzeugen, falls der Geiselnehmer sich abzusetzen versuchte. Inzwischen gab es auch Neues vom Täter: Er verlangte, dass auf der gegenüberliegenden Straßenseite ein Scharfschütze in Stellung gehen sollte. Ein absurder Wunsch! So etwas war mir in all den Jahren beim SEK noch nicht untergekommen. Was das wohl sollte? Für mich klang das geradezu wie eine Einladung zum Erschießen.

Natürlich leisteten wir dieser Aufforderung keine Folge, schleusten stattdessen Männer, die schwere Schutzschilde mit sich führten, für einen Notzugriff ins Treppenhaus bis in die Nähe der Eingangstür zur Praxis. Eine reine Vorsichtsmaßnahme für den Fall, dass unerwartete Vorkommnisse ein sofortiges Eingreifen notwendig machten. Gleichzeitig wurde intensiv an einem Plan für den »normalen« Zugriff gearbeitet. Die Präzisionsschützen suchten sich günstige Positionen in gegenüberliegenden Wohnungen. Wie zumeist zeigten sich die Bewohner entgegenkommend und verständnisvoll. Zwar wäre zur Not auch eine Beschlagnahmung möglich gewesen, doch wurde davon nur in den seltensten Fällen Gebrauch gemacht.

In einem nahe gelegenen Geschäftsraum richteten wir unsere interne Befehlsstelle ein. Von dort aus hielten wir über Video und Funk Kontakt zu den Einsatzkräften, sodass wir ständig über die Situation vor Ort informiert waren. Und mangels offizieller Pläne hatte uns der Hausmeister einen ungefähren Grundriss der Praxisräume gezeichnet. Außerdem erfuhren wir von ihm, dass die Tür durch ein Zylinderschloss und einen Sperrriegel gesichert war.

Mittlerweile waren acht Stunden seit Beginn der Geiselnahme verstrichen. Plötzlich kam per Polizeifunk die Mitteilung, dass die Freilassung der ersten Geisel unmittelbar bevorstehe. Die Verhandlungsprofis hatten sich mächtig ins Zeug gelegt und dem Täter eingeredet, dass er mit zwölf Geiseln überfordert sei. Wir hörten, wie ein Türschloss entriegelt wurde. Unsere Männer vom Notzugriff berichteten kurz darauf, dass eine zierliche junge Frau durch den Türspalt geschlüpft und zu ihnen hingelaufen sei. Es handelte sich um eine der Zahnarzthelferinnen. Physisch und psychisch am Ende und kaum fähig, sich zu artikulieren. Es dauerte eine ganze Weile, bis sie wirklich begriff, dass sie frei war, und uns ein paar Auskünfte geben konnte. Bei aller gebotenen Rücksichtnahme brauchten wir dringend Informationen aus erster Hand.

Wenig später durfte eine weitere Geisel gehen. Diesmal hatten wir mehr Glück, denn die etwa 40-Jährige mit den kurzen blonden Haaren wirkte recht robust und konnte uns hilfreiche Informationen geben. Sie berichtete, dass der Täter seinen Opfern Handschellen anlegte und Mund und Augen mit Klebeband verschloss. Außerdem verteilte er sie auf verschiedene Zimmer, wobei es offenbar teilweise zu sexuellen Übergriffen gekommen war. So wusste die befreite Patientin von zwei Leidensgenossinnen, dass der Täter ihnen an den Busen beziehungsweise in die Hose gefasst hatte. Unsere Befürchtung, dass alles auf eine gewaltsame Lösung hinauslief, wuchs.

Weitere Geiseln gab er nicht frei. Stattdessen kam er auf seine Forderung nach einem Scharfschützen zurück. Was sollten wir tun? Eine Erschießung auf Wunsch war völlig indiskutabel, ein spontaner Zugriff zu risikobehaftet. »Wir müssen abwarten und weiter verhandeln«, so der für den Gesamteinsatz zuständige örtliche Polizeiführer.

Draußen war mittlerweile die Hölle los. Vertreter von Presse, Rundfunk und TV berichteten live über das Geiseldrama. Bombardierten überdies den Geiselnehmer, weil sie ein Exklusivinterview wollten. Das hatte mit seriöser Berichterstattung nichts mehr zu tun, bediente bloß pure Sensationslust – und gefährdete überdies unseren Einsatz.

Der Geiselnehmer reagierte bereits entnervt und verlangte ein zweites Telefon. Was uns nur recht sein sollte, damit wir in Ruhe weiter mit ihm verhandeln konnten. Wir sagten ihm also Unterstützung zu, forderten aber im Gegenzug die Freilassung weiterer Geiseln. Der Mann, dessen Namen wir immer noch nicht kannten, war einverstanden. Ein Technikertrupp rückte an, kappte die Telefonleitung, bereitete die Installation eines Feldtelefons vor und verlegte ein fingerdickes Kabel als Verbindung zur Verhandlungsgruppe. Es lief aus der Praxis durchs Treppenhaus am Boden entlang nach unten. Wir hofften inständig, dass sich die Praxistür künftig schwerer schließen ließ. Etwa bei der Übergabe des Feldtelefons durch einen nahkampferprobten Kollegen mit Ju-Jutsu-Graduierung.

Dann war es so weit. Das Zylinderschloss wurde gedreht, die Tür einen Spalt geöffnet. Eine Hand war zu sehen. Die des Täters? Unser Mann verzögerte die Übergabe des Telefons. »Bitte öffnen Sie die Tür ein bisschen weiter, das Telefon passt nicht durch«, sagte er und sah in diesem Moment einen Mann. Eine Geisel, wie er sogleich erkannte, denn der vermummte Täter stand dahinter, eine Pistole in der Hand. Aus der Traum von einem Zugriff. Unser Nahkampfspezialist übergab das Telefon, die Tür fiel trotz Kabel glatt ins Schloss, und erneut begann das Warten auf eine neue Chance.

Immerhin hielt der Geiselnehmer Wort und ließ eine dritte Person frei: jenen älteren Mann, der das Telefon entgegengenommen hatte. Kreidebleich und körperlich total am Ende torkelte er den Einsatzkräften entgegen. Während er von einem Notarztteam im ersten Stock versorgt wurde, befragten ihn bereits Kriminalbeamte. Jede Mitteilung, jede noch so kleine Beobachtung war jetzt wichtig. Wie verhielt sich der Täter? Bedrohte er seine Opfer ständig mit der Waffe? In welchem körperlichen Zustand befanden sich die Geiseln, und wer waren sie überhaupt? Was bezweckte der Täter? Viele Fragen, mit denen der Mann überfordert schien. Nur mühsam gelang es, ihm Details zu entlocken. Immerhin glaubte der Mann zu wissen, dass der Geiselnehmer in seinem Rucksack ein ganzes Arsenal von Waffen mitführte: Handgranaten, Handschellen, Messer und eine Gaspistole.

Trotzdem traten wir nach wie vor auf der Stelle. Weitere Geiseln, darunter der Zahnarzt und sein Laborant, wurden entlassen. Draußen war es bereits dunkel, in der Praxis brannte Licht. Einige Vorhänge hatte man zugezogen, andere nicht. Eine Möglichkeit für die Präzisionsschützen? Jedenfalls beobachteten sie konzentriert mittels Fernglas oder Zielfernrohr die Geschehnisse auf der gegenüberliegenden Straßenseite, meldeten jede Bewegung in unmittelbarer Nähe der Fenster.

Ich schaute nach meinen Leuten, die auf sechs verschiedene Räume verteilt angespannt hinter ihren Gewehren lagen. Noch war der Rettungsschuss nicht freigegeben, durfte nur erfolgen, falls sich die Hinrichtung einer Geisel abzuzeichnen begann. Ich führte kurze Gespräche mit jedem Einzelnen, denn nach so vielen Stunden kamen alle langsam an die Grenzen ihrer psychischen und physischen Stabilität. Bei einer Übung unter Ernstfallbedingungen hielt man das eher aus, doch das hier war bitterer Ernst. Tödlicher Ernst vielleicht. Nachdem ich mit ihnen gesprochen hatte, fühlte ich mich wohler. Und war zuversichtlich, dass sie im Extremfall Stärke beweisen würden.

In der Befehlsstelle wurden derweil neue Pläne ausgearbeitet. Gemeinsam mit Einsatzleitung und Verhandlungsgruppe überlegten wir das weitere Vorgehen. Da der Täter es ganz offensichtlich darauf anlegte, von einem Scharfschützen erschossen zu werden, wollten wir zum Schein seinem Wunsch entsprechen und draußen einen Panzerwagen mit Schützenstellung vorfahren lassen. Hoffentlich hielt er das für bare Münze. Zudem mussten wir ihm klarmachen, dass eine Gefährdung der Geiseln durch die bevorstehende Schussabgabe nicht akzeptabel sei. Mit anderen Worten: Nur wenn er die anderen freiließ und seinen Rucksack mit den Waffen rausrückte, würden wir seinen Forderungen nachkommen, richteten ihm unsere Verhandlungsprofis über die Standleitung aus.

Er reagierte unsicher, ein wenig unwillig, versuchte die

Sache in die Länge zu ziehen, doch schließlich schluckte er den Köder. Sechs weitere Geiseln durften gehen. Den Rucksack gab der Mann, der nicht der Hellste zu sein schien, ihnen mit. Messer, Handschellen und Gaspistole waren echt, bei den Handgranaten und Molotowcocktails handelte es sich um Attrappen. Jetzt waren alle frei bis auf die hübsche 23-jährige Cordula P. mit den langen blonden Haaren. Nein, erklärte der Täter dem Polizeipsychologen, die müsse bei ihm bleiben.

Weil wir jedoch zunehmend um die Sicherheit der Zahnarzthelferin fürchteten, arbeiteten wir weiter mit Hochdruck an einem Befreiungsszenario. Es hatte uns nämlich zusätzlich zu denken gegeben, dass sich in dem Rucksack neben Waffen das Bild einer nackten Frau befand. Dazu die bereits bekannten Berichte über sexuelle Übergriffe … Auch eine Gefährdung in dieser Hinsicht mochten wir nicht mehr ausschließen.

Wir kamen auf einen ursprünglich verworfenen Plan zurück: einen Zugriff von dem extrem steilen Dach. Zwei Kletterspezialisten sollten sich vom Giebel abseilen und durch das verschlossene Laborfenster in die Praxis eindringen, während die Präzisionsschützen zur Absicherung des waghalsigen Unternehmens die vordere Fensterfront im Auge behielten. Allerdings musste Cordula P. unbedingt aus diesem Bereich heraus, der ja im Notfall zum Schussfeld würde. Aber wie? Zwischenzeitlich ging sie sogar einmal kurz ins Labor, um am Fenster frische Luft zu schnappen, doch der Moment war vorüber, bevor Zeit zum Eingreifen blieb.

Gegen 19 Uhr spitzte sich die Lage dramatisch zu, beendete jedes Wenn und Aber. Bei einem Telefonat zwischen Täter und Verhandlungsgruppe schrie die Geisel hysterisch in den Hörer: »Wenn ihr keinen Scharfschützen herbeischafft, erschießt er mich!« Jetzt überstürzten sich die Ereignisse. Der Einsatzleiter gab den Zugriff frei, das Scharfschützenfahrzeug fuhr direkt unter dem Fenster vor, ein uniformierter Polizist zeigte dramatisch sein Gewehr, und endlich durfte die Geisel den Raum verlassen. Gleichzeitig seilten sich die beiden Kletterasse vom Dach ab, hingen schon über dem Fensterbrett des Labors.

Alles lief nach Plan, und vorsichtiger Optimismus machte sich breit. Schnell rein und Cordula P. aus der unmittelbaren Gefahrenzone bringen, während vom Treppenhaus her der Notzugriffstrupp in die Praxis eindrang und den Geiselnehmer überwältigte. Notfalls mit Unterstützung eines Polizeihunds. Wir setzten auf das Überraschungsmoment, hofften darauf, dass der Täter keinen Widerstand leistete.

Leider lief es nicht so. Als die beiden Kollegen sich durch das Fenster ins Labor schwingen wollten, schoben sie mit dem Fensterflügel Zahnprothesen und Bohrer von dem darunterstehenden Arbeitstisch. Es schepperte gewaltig. Aus einer Wohnung gegenüber beobachtete ich, wie der Geiselnehmer den vorderen Raum verließ, schrie noch ins Funkgerät: »Täter kommt! Täter kommt!« Die Kletterer im Labor waren gerade dabei, die Seile loszubinden. Ungesichert knieten sie auf dem Fenstersims, griffen nach ihren Waffen, dann stand er bereits vor ihnen, in der Hand eine Pistole. »Polizei, Hände hoch!«, schrien sie und gaben vier Schüsse ab. Getroffen sank der Mann zusammen und blieb reglos in der Tür liegen.

Kaum zwei Sekunden später hörten wir erleichtert über Funk die Meldung: »Täter getroffen, Geisel unversehrt!« Die junge Zahnarzthelferin jedoch konnte sich zunächst über ihre Befreiung gar nicht so recht freuen. Zu groß war der Schock und zu schrecklich der Anblick des durch einen Kopfschuss tödlich verletzten Täters. Im Eiltempo verließ ich meinen Beobachtungsposten, spurtete die drei Stockwerke hinauf und machte mir ein Bild von der Situation. Aus der Nähe betrachtet erkannte ich die Waffe in der Hand des Toten als Schreckschusspistole, die allerdings einer echten großkalibrigen Waffe täuschend ähnlich sah.

So etwas war immer bitter für die Schützen, und ich versuchte sie zu trösten. »Das konntet ihr nicht erkennen. Schließlich war es Notwehr.« Trotzdem: Über einen solchen Einsatz kam niemand ohne Weiteres hinweg, auch wenn zwölf Geiseln dankbar für ihre Rettung waren. Und zudem hatte der Mann seine Opfer nicht nur mit Attrappen, sondern mit sehr scharfen Messern bedroht.

Wie immer sprachen wir im Anschluss auf der Dienststelle noch einmal über das Geschehen dieses Tages. So schnell würde sowieso keiner zur Ruhe kommen, vor allem nicht die beiden Schützen. Ihnen gaben wir Halt und die Sicherheit, alles richtig gemacht zu haben. Natürlich fragten wir uns auch, was diesen Mann zu solch einem absonderlichen Wunsch getrieben hatte. Später erfuhren wir, dass Gerhard N. sein Leben lang ein einsamer Außenseiter gewesen war. Irgendwann besorgte er sich einen Kampfanzug, um wie ein Revolverheld im Kugelhagel der Polizei zu sterben. Eigentlich eine sehr traurige Geschichte.

DER KAPUZENRÄUBER

Nicht lange nach der Geschichte mit dem verhinderten Rambo bekamen wir es erneut mit einem Kapuzenmann zu tun. Er ging sogar mit diesem Namen in die Annalen ein. In die des SEK zumindest.

Es passierte Anfang Dezember. Nikolaus. Auch uns war mehr nach vorweihnachtlicher Beschaulichkeit mit unseren Kindern als nach einem zeitraubenden Einsatz. Und deshalb hofften wir sehr, frühzeitig heimzukommen. Allerdings begann der Tag mit einem Eklat.

Als ich frühmorgens das Besprechungszimmer auf der Dienststelle betrat, herrschte dort eisige Stimmung. Noch frostiger als die Luft draußen, und dagegen half auch kein heißer Tee. In einer Nacht-und-Nebel-Aktion hatten Spaßvögel den Eingang zum Gruppenführerzimmer im zweiten Stock zugemauert. Einfach so, mit Ziegelsteinen und Mörtel, als handle es sich um eine nicht mehr benützte Kellertür. Der Beamte vom Dienst wollte nichts gehört und gesehen haben.

Sehr merkwürdig. Nach einiger Zeit jedoch, als der erste Ärger verflogen war, meinte einer: »Nehmen wir's einfach als Supergag, denn was ist schon groß passiert?« Nun ja, obwohl wir der Sache auf den Grund gehen mussten, recht hatte er. Schließlich war das Berufsleben eines Spezialkommandos nicht gerade reich an heiteren oder spaßigen Vorfällen. Und wie zur Bestätigung wurde kurz darauf Alarm ausgelöst.

»Geiselnahme in einer Bank in Ramersdorf!« Die zugemauerte Tür war vergessen, der Alltag hatte uns wieder. Eingespielte Routine nahm ihren Lauf. Nur entfiel heute die Alarmierung der Einsatzkräfte, weil das gesamte Kommando anwesend war. Jeder schnappte sich Einsatztasche und Waffe, dann nichts wie runter zu den Fahrzeugen in der Tiefgarage. Wesentliche Erkenntnisse gab es vorerst keine, und so fuhren wir erst einmal los.

Am Tatort setzte uns ein Mitarbeiter des Einsatzleiters im Schnellverfahren ins Bild. Nach Aussagen von Zeugen sei in den frühen Morgenstunden, noch vor Geschäftsbeginn, ein Mann über ein Kellerfenster in die Bank eingestiegen. Ein kurz darauf eintreffender Angestellter bemerkte das einen Spaltbreit geöffnete Kellerfenster, und weil ihm das verdächtig vorkam, wartete er draußen auf die Ankunft weiterer Kollegen. Etwa eine halbe Stunde später und nach kontroversen Diskussionen entschlossen sich zwei Wagemutige, auf eigene Faust nach dem Rechten zu schauen. Auf die Idee, lieber die Polizei zu verständigen, kam offenbar niemand. Auch nicht auf den Gedanken, die Bank vorerst geschlossen zu halten. Die beiden Männer gingen forsch in den Keller, wo sich Garderoben, Toiletten, ein Aufenthaltsraum und der Tresor befanden, und sahen sich plötzlich einem maskierten Mann gegenüber, der sie mit einer Pistole bedrohte. Er zwang den Jüngeren, seinen Kollegen mit einem Klebeband zu fesseln.

Als ein Mann den Schalterraum betrat, schob der Täter den noch nicht gefesselten Angestellten mit der Pistole im Rücken nach oben, schnappte sich schnell den arglosen Kunden und verschwand mit beiden wieder im Keller. Dort musste Tobias K. der neuen Geisel ebenfalls mit Klebebändern die Hände fesseln. Ihn selbst schleppte der maskierte Räuber erneut mit in den Schalterraum, wo er die Tür verschloss und die Herausgabe der Tresorschlüssel forderte.

Inzwischen gelang es den beiden Personen im Keller, sich von den Klebebändern zu befreien und durch das Kellerfenster zu flüchten. Später sagten sie aus, sie hätten in Todesangst übermenschliche Kräfte entwickelt – allerdings waren die Fesseln von Tobias K. absichtsvoll sehr locker angelegt worden. Sie stoppten einen zufällig vorbeifahrenden Streifenwagen und schlugen Alarm. Endlich, nach fast einer Stunde. Zum gleichen Zeitpunkt zwang der Täter die letzte Geisel, in seinem Namen bei der Polizei anzurufen. Er verlange Lösegeld, ließ er ausrichten. Oder die Herausgabe des Tresorinhalts.

So weit die Situation. Das zweigeschossige Gebäude war schnell umstellt. Sträucher an der Rückseite boten guten Sichtschutz, und wir konnten uns problemlos und ungesehen anschleichen. Wie immer wollten wir es nicht darauf ankommen lassen, dass der Täter Männer mit Waffen und in Kampfausrüstung zu Gesicht bekam. Dieser Anblick könnte eine Überreaktion provozieren, die womöglich jeden Verhandlungsspielraum von vornherein ausschloss. Das durften und wollten wir nicht riskieren. Noch hofften wir auf eine friedliche Lösung.

Trotzdem, auch das ist Standard, musste sich ein Notzugriffstrupp bereithalten, falls von einer Minute zur anderen die Situation ein sofortiges Eingreifen erforderte. Jeweils vier Männer stellten sich schwer bewaffnet und mit gepanzerter Schutzweste beim Haupteingang der Bank und seitlich der Tiefgaragenzufahrt auf. Nah genug, um schnell zugreifen zu können, und weit genug entfernt, um nicht gesehen zu werden. Eine heikle Balance und immer wieder ein gewagtes Spiel, weshalb die Anspannung selbst bei diesen coolen und ausgefuchsten Profis enorm hoch war. Fast konnte man meinen, die Luft um sie herum würde knistern wie kurz vor der Entladung eines Blitzes bei schwerem Gewitter. Und der konnte, im übertragenen Sinne, jederzeit einschlagen.

Die Einrichtung einer internen Befehlsstelle hingegen war reine Routine. In diesem Fall ließen wir uns in einer gegenüberliegenden Gaststätte nieder. Hier liefen sämtliche Informationen über den Einsatz zusammen, und von hier aus ergingen Weisungen per Funk nach draußen. Inzwischen arbeiteten wir auch mit Videoaufnahmen, die über Monitor verfolgt werden konnten. Ein großer Fortschritt, denn sowohl unser Kommandoführer als auch der Gesamteinsatzleiter konnten jetzt am Bildschirm mit eigenen Augen das Geschehen überwachen.

Die Verhandlungsgruppe war ebenfalls schnell vor Ort und sorgte dafür, dass der Kontakt zum Täter nicht abbrach. Allerdings kam er nie selbst ans Telefon, sondern schickte Tobias K. vor. Der 22-Jährige, der erst kürzlich der Ramersdorfer Filiale zugeteilt worden war, schlug sich tapfer und verlor nicht die Nerven. Die sollte er noch brauchen, denn die Verhandlungen zogen sich zäh über Stunden hin. Dann endlich lagen konkrete Forderungen auf dem

Tisch: eine halbe Million, zusätzlich der Tresorschlüssel und ein Fluchtfahrzeug mit Automatikgetriebe. Um seine Entschlossenheit zu dokumentieren, drohte er mit Sprengstoff, der sich angeblich in einem Aluminiumkoffer befand.

Bluffte er oder nicht? Wir wussten es nicht und mussten deshalb von der ungünstigsten Annahme ausgehen. Das ist oberstes Gebot, wenn es um Geiseln geht. Da darf nichts leichtfertig riskiert werden. Dazu gehörte allerdings ebenfalls, dass wir uns auf eine gewaltsame Befreiung der Geisel vorbereiteten. Rund um das Gebäude gingen in Fenstern, Dachluken und auf Balkonen Präzisionsschützen in Stellung. Andere lagen einfach hinter einem Gebüsch versteckt. Vierzehn Männer in sieben Positionen, 20 bis 100 Meter vom Zielobjekt entfernt. Ein optimaler Platz war die halbe Miete, denn Präzisionsschützen brauchten eine gute Sicht, ohne selbst gesehen zu werden.

Hier waren die Bedingungen ausgezeichnet. Ich inspizierte ein letztes Mal die Stellungen, in denen es sich jeweils zwei Schützen im wahrsten Sinne des Wortes »bequem« machten. Kein Scherz: Da sie permanent durch ihr Zielfernrohr das Geschehen beobachten mussten, war das äußerst wichtig. Oft lagen sie nämlich stundenlang da, ohne sich rühren zu dürfen. Ich war zufrieden. Die Stellungen konnten nicht besser ausgebaut sein, die psychische und physische Verfassung meiner Leute gab keinerlei Grund zur Besorgnis, und so kehrte ich voller Zuversicht in unsere Befehlsstelle zurück, um mit den anderen die Planung voranzutreiben.

Wir kamen überein, den Zugriff in dem Moment zu starten, wenn das Fluchtfahrzeug übergeben wurde. Plötzlich machte der Kapuzenmann Druck. Alles dauerte ihm zu lange. Wieder drohte er mit der Zündung des Sprengstoffs. Jetzt hatten wir ein Problem, denn der Wagen, ein PS-starker Audi, stand noch nicht zur Verfügung.

Um Zeit zu schinden, unterbreitete die Verhandlungsgruppe ein Angebot. Die halbe Million sowie der Tresorschlüssel sollten vorab auf dem Fensterbrett auf der Rückseite des Gebäudes hinterlegt werden. Natürlich handelte es sich um eine Finte. Die Sachen sollten gekonnt so nachlässig platziert werden, dass sie kurz darauf von alleine zu Boden fielen. Wir hofften den Täter dadurch zu zwingen, für längere Zeit ans offene Fenster zu treten, sich hinauszubeugen ... Dann könnten die Präzisionsschützen ihre Arbeit tun. Allerdings sollten sie ihn nur kampfunfähig schießen und den Rest dem Zugriffsteam überlassen.

Darauf, dass endlich etwas passierte, warteten auch unzählige Zeitungsreporter mit ihren Fotografen sowie ganze Fernsehteams. Live bei einem Bankraub mit Geiselnahme dabei! Sie nervten den Pressesprecher der Polizei mit immer neuen Fragen, auf die es entweder keine Antworten gab oder vorerst nicht geben durfte. Der Mann war sichtlich gestresst und konnte einem leidtun. Allerdings hatten wir Wichtigeres zu tun, als uns darüber Gedanken zu machen.

Denn jetzt ging es los. Ein SEK-Mann mit Schutzweste unter der Zivilkleidung näherte sich dem Fenster im Hinterhof. Die Spannung stieg, mein Puls ging auf 150 – ich habe es tatsächlich in diesem Augenblick gemessen. Würde sich der Mann, den bislang niemand außer den Geiseln zu Gesicht bekommen hatte, zeigen? Die Präzisionsschützen unweit der Rückseite des Hauses waren alarmiert, beobachteten hoch konzentriert die Szene. Unser Mann stellte die Tüte ab, stieß schnell unmerklich dagegen, sodass sie auf den schneebedeckten Boden fiel, kaum dass er verschwunden war. So etwas hinzukriegen bedarf einiger Übung. Gespannt verfolgten alle das Geschehen: die einen am Monitor in der Kommandozentrale, ich aus der Nähe hinter einer Schützenstellung.

Plötzlich sah ich, wie eine Hand mit Pistole die weißen Lamellen zur Seite schob, dann wurden eine lilafarbene Kapuze mit Schlitzen für Mund und Augen sowie ein weißes Hemd, eine lilafarbene Krawatte und ein dunkles Sakko sichtbar. Alles jedoch nur für den Bruchteil einer Sekunde, bevor sich die Lamellen wieder schlossen. Chance vertan! Immerhin hatten wir den Täter zumindest gesehen, und sofort machten sich die Videoleute an den Ausdruck eines Fotos, das an die Präzisionsschützen und die Männer vom Zugriff verteilt wurde. Außerdem hatte der Mann jetzt seinen Namen weg: »Kapuzenräuber«.

Anscheinend hatte er den Trick nicht durchschaut und verlangte einen neuen Übergabeversuch. Aber er war gereizt, drohte erneut mit Sprengstoff. Die Verhandlungsgruppe warnte davor, ihm eine zweite Falle zu stellen. Die Gefahr, dass er der Geisel etwas antun könnte, schien zu groß. Man riet zur Deeskalierung, und wir legten das Geld wieder auf die Fensterbank. Ohne Trick.

Inzwischen war der Wagen eingetroffen und vor den Haupteingang gefahren worden. Und zwar so, dass die Präzisionsschützen eine gute Sicht hatten, denn mittlerweile hatte der Einsatzleiter den finalen Rettungsschuss freigegeben. Deshalb verstärkte ich auch die Schützenstellungen an der Frontseite. Jeder Schusswinkel wurde abgedeckt, und mindestens zwei Leute würden den Kapuzenräuber auf dem Weg zum Fahrzeug im Visier haben.

Ich ging gerade im Dachgeschoss gegenüber mit meinen Männern noch einmal alles durch, als sich plötzlich die Tür öffnete und unerwartet hochrangiger Besuch eintraf. Zwei mir bekannte Polizeidirektoren. Ausgerechnet jetzt, wo volle Konzentration angesagt war, wollten die zuschauen, wie es so zuging bei den Präzisionsschützen. Ich glaubte es kaum. Das war ebenso ungewöhnlich wie ungut.

Höflich, aber bestimmt verwies ich sie vom Platz. Etwas überrascht zogen die beiden wieder ab. Sie hatten auf einer Veranstaltung von der Geiselnahme erfahren und wollten sich die Sache, sozusagen als krönenden Abschluss des Tages, mal aus der Nähe anschauen: Geiseldrama live, das bekam man als »Schreibtischtäter« schließlich nicht jeden Tag geboten. Und weil es sich um hohe Tiere handelte, hielt niemand sie zurück. Falls das Schule machte, dachte ich mir, würden wir uns bald mit einem ausgemachten Einsatztourismus konfrontiert sehen.

Dann wurde es ernst. Nach letzten Informationen musste der Geiselnehmer in Kürze die Bank verlassen. Die Schützen legten bereits die Finger an den Abzug ihrer Gewehre, während ich aus einer Dachluke mit einem Fernglas den Bankeingang beobachtete. Plötzlich öffnete sich die Tür, und der Kapuzenräuber trat heraus, die Geldtüte im Arm, die Pistole in der rechten Hand. Wo blieb die Geisel? Ohne sich umzudrehen, marschierte der Mann auf den Audi zu, öffnete den Kofferraum, um nach Peilsendern zu suchen. »Finaler Rettungsschuss wird zurückgenommen! Ich wiederhole, finaler Rettungsschuss wird zurückgenommen«, wies ich meine Schützen schnell an, nachdem die Geisel weiterhin nicht auftauchte.

Es herrschte Totenstille, die lediglich vom leichten Klicken des sich schließenden Kofferraums durchbrochen wurde. Als der Kapuzenräuber zur Fahrerseite ging, übergab ich per Funk an die Kollegen, die für die Koordination des Zugriffs zuständig waren. Unser Täter stieg in den Audi, schaltete das Licht ein und dann … schleuderte eine laute Detonation den Mann seitlich aus dem Fahrzeug. Unsere Spezialisten hatten ganze Arbeit geleistet.

Die Zugriffskräfte brauchten bloß noch nach vorne zu stürmen und den Kapuzenmann festzunehmen. Weiß wie die Wand und sichtlich unter Schock ließ er sich widerstandslos die Handschellen anlegen. Er schien überhaupt nicht zu realisieren, was da passiert war. Später sagte er aus, er habe geglaubt, die Polizisten seien vom Himmel gefallen. Am Boden flatterte eine halbe Million herum, die Pistole lag noch auf dem Beifahrersitz.

Als ich nach unten rannte, traute ich meinen Augen nicht. Da waren sie schon wieder vor Ort, die Herren Polizeidirektoren, und schauten neugierig zu. Mal ganz davon abgesehen, dass es nicht ungefährlich war – immerhin hatte der Bankräuber angeblich Strengstoff dabei –, empfand ich diese Sensationslust als unangemessen. Schlimm genug, dass die Presse sich so verhielt! Auch andere äußerten ihr Missfallen, darunter der zwischenzeitlich eingetroffene Polizeipräsident, der den Zugriff von der Gaststätte aus beobachtete: »Wirklich unglaublich«, sagte er bloß.

Und die Geisel? Tobias K. wurde gefesselt im Tresorraum aufgefunden, vor ihm der angebliche Sprengkoffer. Seine Erleichterung nach zehn Stunden Geiselhaft lasse sich nicht in Worte fassen, erzählten später die Kollegen, die ihn befreiten. Alle bewunderten seine Geistesgegenwart und Nervenstärke, die er die ganze Zeit über bewiesen hatte. Bis zum Schluss, als der Kapuzenräuber ihm androhte, die Bombe im Koffer mittels Handy zu aktivieren, falls ihm nicht mindestens 30 Minuten Vorsprung bei seiner Flucht eingeräumt würden. Allerdings gaben die Experten des Landeskriminalamts in dieser Hinsicht schnell Entwarnung. Im Koffer befand sich lediglich eine selbst gebaute Bombenattrappe, und auch die Pistole war nicht echt, obwohl sie so aussah.

Was hatte den Täter, einen 39-jährigen ledigen Werkzeugmacher, zu dieser Wahnsinnstat getrieben? Es waren die immer gleichen Komponenten: Arbeitslosigkeit, hohe Schulden, Unzufriedenheit mit dem Leben. Schon einmal hatte er versucht, eine Bank auszurauben, konnte aber damals unerkannt entkommen. Offensichtlich hoffte er erneut auf solches Glück. Jedenfalls trug er unter seinem Anzug eine komplett andere Garnitur Kleidung, um etwaige Verfolger von sich abzulenken.

Wie immer kehrten wir anschließend auf die Dienststelle zurück, um den Einsatz, der zum Glück keine Opfer forderte, zu analysieren, und wurden prompt wieder an die zugemauerte Tür erinnert, die am Morgen für schlechte Laune gesorgt hatte. Nach mehr als 15 Jahren kann ich es ja verraten: Es waren ein paar junge Männer, die ihrem Gruppenführer einen Denkzettel verpassen wollten. Weil sie offenbar nicht immer einverstanden waren mit seinen Anordnungen. Sicher nicht in Ordnung, aber Schwamm drüber.

SCHÜLERDRAMA

Es kommt nicht gerade selten vor, dass Geiselnahmen einen persönlichen Hintergrund haben. Verschmähte Liebe, Trennung, das Gefühl der Ausgrenzung. Jugendliche sind davon nicht ausgenommen. Damals wie heute. Man muss nur an die schrecklichen Amokläufe in Schulen denken, die es in den letzten Jahren auch hierzulande gegeben hat. Mit tödlichen Folgen.

Eine Beziehungsgeschichte unter Teenies, die zu einer Kurzschlussreaktion führte, habe ich in einem meiner letzten Jahre beim SEK erlebt. Und als Vater lässt einen so etwas nicht unberührt. Es ging um Ronny und Claudia, eine letztlich einseitige Liebe, bei der einer durchdrehte. Obwohl die Sache glimpflich ausging, bewies sie uns, wie schwierig es ist, einen jugendlichen Amokläufer zur Vernunft zu bringen. Ihn davon abzuhalten, dass er Leben zerstört. Seines und das anderer. Schauplatz des Dramas war eine Schule in einer oberbayerischen Kleinstadt.

An diesem Tag trug ich auf der Dienststelle die Verantwortung, denn mein Chef machte gerade Urlaubsvertretung für den Leiter der Polizeidirektion Spezialeinheiten Südbayern. Es war recht ruhig. Eine Gruppe befand sich auf der Bundeswehrschießanlage Unterhaching, eine andere übte das Anhalten von Täterfahrzeugen in Oberschleißheim, zwei weitere frischten irgendwo ihre Erste-Hilfe-Kenntnisse auf. Ich selbst saß in meinem Büro und bereitete einige Beurteilungen vor, beantwortete belanglose Fragen aus dem Polizeipräsidium und anderes mehr. Zwischenzeitlich läutete immer wieder das Telefon. Auch meine Frau meldete sich kurz und fragte nach dem Essenswunsch am Abend. Sie kochte gerne, und noch lieber aß und esse ich. Ihr Anruf erinnerte mich an den Feierabend. Ich schaute auf meine Uhr: halb drei. Langsam kamen die Leute von den Übungsplätzen zurück. Heute würde ich bestimmt pünktlich zu Hause sein.

Kaum hatte ich das gedacht, war es auch schon vorbei mit einem gemütlichen Abend im Kreis der Familie. Erneut schrillte das Telefon, und der Sachbearbeiter im Lagezentrum des bayerischen Innenministeriums teilte schnaufend eine Geiselnahme mit. »Täter ist bewaffnet und bedroht mehrere Schüler und Lehrer. Nehmen Sie sofort Verbindung mit dem örtlichen Polizeiführer auf und verlegen Sie Ihre Kräfte zum Tatort!«

Die Maschinerie lief an: die Mannschaft über Hauslautsprecher alarmieren, schnell umziehen, Ausrüstung packen und ab in die Tiefgarage. Ich fuhr mit zwei Mitarbeitern in meinem Dienstwagen, einem schwarzen Mercedes 320 E, schon einmal voraus. Mit schnellen Autos war unsere Einheit gut bestückt – und mit entsprechenden Fahrern auch. Diese Profis schafften es, mit halsbrecherischem Tempo durch den dicksten Verkehr zu manövrieren und trotzdem ein Gefühl der Sicherheit zu vermitteln. Friedrich war so einer. Kein Wunder, denn er und seine Kollegen wurden sogar auf dem Nürburgring geschult. Plötzlich stieg er voll auf die Bremsen: Ein unaufmerksamer Opel-Corsa-Fahrer hatte den Weg trotz Blaulicht und Martinshorn nicht frei gemacht. Das erlebten wir oft, doch zum Glück passierte nie etwas. Zumindest mir nicht.

Endlich war die Autobahneinfahrt erreicht, und mit Höchstgeschwindigkeit brausten wir Richtung Süden. Inzwischen bestand über Autotelefon Kontakt zur zuständigen Einsatzzentrale. Es hieß, der Polizeiführer befinde sich ebenfalls noch auf dem Weg zum Tatort. Über einen Sonderkanal gab ich sämtliche Informationen an die Einsatzkräfte weiter, die etwa zehn Minuten hinter uns waren. Wir hingegen mussten bereits wieder von der Autobahn runter und würden nach ein paar Kilometern Landstraße den kleinen Ort im Voralpenland erreichen.

Der Chef der örtlichen Polizeiinspektion meldete sich sichtlich aufgeregt über Funk und gab uns eine Wegbeschreibung zur Schule. Ich konnte seine Nervosität verstehen. Was wir mit schöner Regelmäßigkeit erlebten, kam in ländlichen Gebieten so gut wie nie vor. Welcher »Landgendarm« wurde wohl je mit einer Geiselnahme konfrontiert? Trotzdem gewöhnten auch wir uns nie daran. Wer das glaubt, irrt gewaltig. Jeder Fall lag anders und stellte damit eine neue Herausforderung dar.

Sogleich nach der Ankunft an der Schule, ein Streifenwagen war uns entgegengeschickt worden, erfuhren wir, was Sache war. Gegen 14.30 Uhr betrat ein junger Mann das Gebäude und ging gezielt in einen Klassenraum, wo Nachmittagsunterricht stattfand. Er zog eine Waffe, richtete sie auf die Anwesenden und zwang eine der Schülerinnen, ihn nach draußen zu begleiten. Seine ehemalige Freundin, die er zurückhaben wollte.

Natürlich wehrte sich das Mädchen, doch als sein Exfreund mit einem Blutbad drohte, folgte es ihm widerstandslos den Gang hinunter. Eine Lehrerin, die aus dem Unterrichtsraum spähte, sah noch, wie sich der jugendliche Geiselnehmer am Automaten eine Tasse Kaffee holte und Tabletten hineinwarf.

Inzwischen waren alle Schüler aus dem Gebäude geflüchtet und machten erste Angaben bei der Polizei. Natürlich kannten sie die beiden und wussten, dass zwischen dem 17-jährigen Jungen und dem zwei Jahre älteren Mädchen eine schwierige Beziehung bestand, eine mittlerweile zumindest einseitige Liebe. Da auf die Schnelle keine Fotos zur Hand waren, beschrieben sie uns ihr Aussehen. Ronny, etwa 1,75 Meter groß, kurze braune Haare und Oberlippenbart, gekleidet mit einem dunkelblauen Bomberblouson; Claudia, lange dunkle Haare, orangefarbener Pulli und Jeans.

Zwischenzeitlich war auch der große Rest des Kommandos aus München angekommen, insgesamt 50 Mann. Ich beauftragte Jimmy, einen meiner jungen Mitarbeiter, sie einzuweisen, während ich mit meinem Fahrer Friedrich loszog, um mir selbst einen Überblick zu verschaffen. Als ich mich mit gezogener Pistole und Schutzweste entlang der Nordseite des verschachtelten Gebäudekomplexes vortastete, erschrak ich plötzlich. Unweit vor mir kauerte eine Person in Zivil mit einer Pistole in der Hand. War das etwa unser Täter?, dachte ich und suchte Deckung hinter einer Mauerecke, doch der »Verdächtige« hob beschwichtigend eine Hand.

»Wer sind Sie?«, rief ich leise. »Ein Kollege«, kam als Antwort. Ich ging auf ihn zu und erfuhr, dass mehrere Zivilkräfte der örtlichen Polizeiinspektion das Gebäude weiträumig umstellten.

Ich seufzte. Obwohl gut gemeint, war das gegen jede Regel und gefährlich obendrein. Nicht auszudenken, was geschehen konnte, wenn zivile Polizeibeamte, die sich nicht kannten und nicht einmal voneinander wussten, bei einem Einsatz unversehens aufeinandertrafen. Unverzüglich gab ich Order, dass ein Teil der Präzisionsschützen die »Zivilen« ablösen sollte, und stellte in der Nähe des Haupteingangs vorsorglich Männer für einen Notzugriff auf.

Leider waren bereits jede Menge Medienvertreter vor Ort. Bei allem Verständnis für das Recht und die Pflicht, die Öffentlichkeit zu unterrichten, war das manchmal hinderlich. Wie beispielsweise jetzt, denn die Scheinwerfer der Fernsehteams tauchten alles in ein übermäßig helles Licht. Uns wäre die einbrechende Dunkelheit des trüben Märznachmittags lieber gewesen. Vor allem aber mussten wir Kameraleute und Reporter erst einmal auf Distanz bringen. Schon allein als Vorsichtsmaßnahme, falls Ronny das Schulgebäude mit seiner Geisel verließ und mit der Waffe draußen herumfuchtelte. Man vertröstete die Medienleute mit dem Versprechen, dass sie über den Pressesprecher der Polizei regelmäßig informiert würden. Das war in der Provinz eindeutig einfacher als in München. Da hatten wir es schon erlebt, dass ein paar ganz Forsche heimlich in ein Gebäude eindrangen.

In unserer internen Befehlsstelle, für die man uns Räume in der Schule zugewiesen hatte, bereiteten wir dann den Zugriff vor. Wir, das waren neben mir die Gruppen-

und Einheitsführer, der Einsatzleiter aus der Region sowie mein Chef als kommissarischer Leiter der Direktion. Wir studierten Grundrisse und Lagepläne und entwarfen verschiedene Varianten für unser weiteres Vorgehen. Alles schön und gut. Nur über den jugendlichen Täter wussten wir nicht allzu viel, konnten ihn vor allem nicht einschätzen. Da kam der Hans von der hiesigen Polizeiinspektion wie gerufen. Er würde uns helfen, Ronnys Motiv, Absicht und Denkweise besser zu schlüsseln.

Als er mir vorgestellt werden sollte, war die Überraschung groß. Ich kannte diese Urgestalt von Mann, groß, kräftig mit einer »Matratze« im Gesicht. Unverwechselbar jedenfalls. Gemeinsam hatten wir die Ausbildung bei der Bereitschaftspolizei absolviert, und ich konnte mich noch gut an seine flotten Sprüche erinnern, die er bereits in aller Herrgottsfrühe draufhatte. Sehr zum Leidwesen der Morgenmuffel unter den Zimmergenossen. Später verloren wir uns aus den Augen, und keiner von uns hätte je daran gedacht, dass wir einander wiedersehen würden. Schon gar nicht bei einer Geiselnahme.

In einem kleinen Ort kennt fast jeder jeden. Und so wusste Hans natürlich von Ronny und Claudia: dass sie einmal zusammen gewesen waren, sie dann Schluss gemacht und er es nicht akzeptiert hatte. Bis heute nicht. Seit etwa zwei Wochen lief Ronny ständig hinter Claudia her, bettelte und drohte. Sie solle zu ihm zurückkommen, sonst werde sie ihr blaues Wunder erleben. Jeder bekam das mit, doch niemand nahm seine Worte ernst. Hinzu kamen wohl schulische Probleme. Ich war froh, dass Hans sich als Vermittler anbot, und wollte ihn als Ersten einsetzen, obwohl inzwischen unsere bewährten Verhandlungsprofis einschließlich Polizeipsychologen eingetroffen waren. Aber bei einem so jungen Täter hoffte ich mit einer vertrauten Person mehr ausrichten zu können, und die Verhandlungsgruppe befürwortete diese Entscheidung.

Als die Meldung einging, dass Ronny sich mit Claudia in der Mädchentoilette im Untergeschoss versteckt hatte, zogen sechs Trupps, besetzt mit jeweils vier Männern, einen Ring um die Räumlichkeiten, verteilt in Gängen und auf Treppen. Entkommen konnte Ronny nicht mehr, und die Ausgangsbasis für einen Zugriff war geschaffen. Wenn sich nichts änderte, würde vermutlich Trupp eins die Aufgabe zufallen, Ronny zu überwältigen. Sie standen der Toilette am nächsten, nur wenige Meter entfernt um eine Ecke herum. In voller Kampfausrüstung, bewaffnet mit Pistole und MP mit aufmontierten Lasern und Taschenlampen – vier Präzisionsschützen mit Zielfernrohren auf den MPs ergänzten das Aufgebot.

Ich führte Hans, der zuvor von einem Polizeipsychologen instruiert worden war, nach unten. Wir schlichen gerade vorsichtig die Treppe hinunter, als ich merkte, dass uns einer aus der Verhandlungsgruppe folgte. Einfach so, aus purer Neugier oder aus dem Bedürfnis heraus, einmal unmittelbar vor Ort zu sein. Ein Neuer, wie sich herausstellte, der sich offenbar mit den Abläufen bei einem Einsatz noch nicht auskannte. Dementsprechend verwundert schaute er mich an, als ich ihn zurückschickte. Ich schüttelte den Kopf: Eigentlich sollte einem allein der gesunde Menschenverstand sagen, dass man nicht nach Lust und Laune an einem Tatort herumspazieren konnte.

Dann kamen wir vor den Toiletten an. »Ronny, ich bin's,

der Hans. Mach keinen Scheiß und komm raus. Noch ist es nicht zu spät. Lass das Mädchen frei. Gib auf, es macht doch keinen Sinn!« Zur Antwort hörten wir ein aggressives Nein und waren fast glücklich, als er wenig später zwei Schachteln Zigaretten forderte. Innerhalb von zehn Minuten. Ganz kurz sahen wir ihn durch die geöffnete Tür mit der Pistole in der Hand und dem Finger am Abzug. Einer unserer Präzisionsschützen meinte, durch sein Zielfernrohr eine Walther PPK 7,65 mm erkannt zu haben. Es war unheimlich dort unten im Keller: Diffuses Licht erzeugte eine gespenstische Atmosphäre, die vom hohlen Widerhall der Stimmen und Schritte noch verstärkt wurde.

Als es Zeit war für die Übergabe der Zigaretten, gab der Einsatzleiter den Zugriff »bei günstiger Gelegenheit« frei. Was bedeutete, dass wir zuschlagen durften, sofern Ronny die Zigaretten entgegennahm, ohne gleichzeitig Claudia die Pistole an den Kopf zu halten. Eine »heiße Kiste« nennt man das im Fachjargon. Aber ganz ohne Restrisiko lief so gut wie nichts, wenn man es mit bewaffneten Tätern zu tun hatte.

»Ronny, ich bin's wieder, der Hans.« Unser Vermittler startete einen neuen Versuch. »Ich schmeiß jetzt die Zigaretten vor die Tür. Lass das Mädchen frei!« Keine Reaktion, bloß ein leises Wimmern, das angstvoll klang. Was würde jetzt passieren? Kam Ronny heraus, holte sich die Zigarettenpackungen, die etwa zwei Meter entfernt lagen? Falls er dabei allerdings seine Geisel mitschleppte, nutzte uns das alles nichts. Dann konnten wir nicht zugreifen.

Ich spürte die Anspannung meiner Leute, die sprungbereit hinter der Ecke lauerten. Sie würden genau nach Plan vorgehen, jeder wusste, wo er zupacken musste, um

Ronny zu überwältigen. Wir alle hofften sehr, dass es nicht zum Äußersten kommen musste – dem finalen Rettungsschuss. Das taten wir zwar immer, doch hier, bei diesem jungen Täter, wäre es wirklich eine schreckliche Entscheidung für uns gewesen.

Wir warteten und warteten, ohne dass etwas geschah. Die Zeit verrann, und unberührt lagen die Zigaretten da. Wieso kam der Bursche nicht heraus? Unsere Nerven waren zum Zerreißen gespannt, denn keinen Kontakt zum Täter zu haben, das war schlecht, ganz schlecht. Wir hatten nicht den geringsten Anhaltspunkt mehr, was in seinem Kopf vorging. Fürchteten ständig, er könnte gerade durchdrehen. Es war zum Verrücktwerden. Unsere Sorgen wurden verstärkt durch eine Nachricht von der Kripo, dass der Junge in der Drogenszene kein Unbekannter sei. Die Tabletten, die er in seinen Kaffee geworfen hatte, fielen uns siedend heiß ein. Wir mussten und wollten dieses Drama beenden. Bald.

Nur wie? Inzwischen waren über sechs Stunden vergangen und sämtliche Annäherungsversuche an Ronny letztlich gescheitert. Eine Verhandlungslösung schien damit kaum noch möglich. Stattdessen setzten wir jetzt auf ein Ablenkungsmanöver mit Überraschungsangriff. Ronny sollte davon überzeugt werden, dass Claudia dringend Hilfe brauchte, und einen Rettungssanitäter in die Toilettenräume lassen. Wir pokerten dabei mit seinen Gefühlen, die er trotz allem für die Exfreundin hegte, und hofften, dass die Rechnung aufging.

Hans übernahm es, den Jungen zu überreden. Er hatte zuvor mit der Verhandlungsgruppe abgesprochen, was er sagen sollte. Und dass er beruhigend und gedämpft reden musste. Er machte seine Sache wirklich gut. »Ronny, hörst du mich? Ich bin's, der Hans. Die Claudia ist krank, sie braucht Hilfe. Wir hören sie weinen. Ich schick dir einen Sanitäter. Der kann helfen und ihr eine Spritze geben. Lass ihn zu Claudia, sonst packt sie das nicht.«

Wir hatten Glück. Der junge Mann zeigte sich plötzlich einsichtig, akzeptierte Hilfe. Allerdings nur eine einzige Person. Unser Kollege, der zugleich als Rettungssanitäter ausgebildet war, stand schon bereit. Endlich spielten wir wieder einen aktiven Part, reagierten nicht nur. Vorbei die zermürbende Untätigkeit und das Warten wider Willen. Die Funkverbindung stand, Zugriffsteams und Präzisionsschützen wurden noch einmal kontaktiert: Alles in Ordnung bei euch? Dann eine letzte Absprache mit dem Sanitäter, eine kurze Ermunterung. Wir schlugen die Hände gegeneinander, bei uns ein Zeichen grundlegenden Vertrauens zu dem anderen. Nur so konnte man in eine solche Situation hineingehen.

Alle meldeten ihr Okay: »Positiv!« Man durfte jetzt nicht daran denken, was wäre wenn, obwohl jeder Einzelne von uns wusste, dass trotz aller Umsicht immer etwas schiefgehen konnte. Aber solche Überlegungen in den Vordergrund zu stellen bedeutete letztlich, auf einen Einsatz zu verzichten, untätig zu bleiben und den Dingen ihren Lauf zu lassen. Und das Leben der Geisel weiter zu gefährden. Das entsprach nicht unserer Aufgabe und nicht unserem Selbstverständnis. Wir bauten auf den Überraschungseffekt und darauf, dass wir genau für solch schwierige Einsätze bestens gerüstet waren. Wir fühlten uns auf der sicheren Seite.

Hans stellte zum letzten Mal den Kontakt her: »Der Sanitäter kommt jetzt, um dem Mädchen zu helfen«, rief er. »Er wird Claudias Blutdruck messen und gegebenenfalls ein Medikament verabreichen. Dann geht er wieder.« Keine Antwort. Jetzt versuchte es unser Sanitäter selbst: »Ronny, ich bin's, der Sanitäter. Ich komm zu dir.« Ohne auf eine Reaktion zu warten, bewegte sich unser Mann Richtung Mädchentoilette, in der Hand einen Sanitätskoffer. Die Tür stand offen. Zu sehen war niemand. Ob der Kollege bereits mehr sah, wussten wir nicht. »Ronny, ich bin da, um bei der Claudia den Blutdruck zu messen. Dann sehen wir weiter. Ronny, mach keinen Scheiß, lass mich rein!«

Wir verfolgten jeden seiner Schritte, jede seiner Bewegungen voll gespannter Aufmerksamkeit. Er kniete nieder, öffnete den Koffer und holte das Blutdruckmessgerät heraus, wirkte sehr nervös. Wir erkannten es daran, dass er fahrig den Gummischlauch auseinanderzerrte. Bei mir stellten sich bei diesem Anblick plötzlich die Haare auf, und ich spürte eine gewaltige Anspannung. Manchmal war es schwerer, zuschauen zu müssen, als mittendrin zu sein.

Ich beobachtete, wie unser Sani aufstand und die Toilette betrat, aus unserem Blickfeld entschwand. Was würde als Nächstes geschehen? Vielleicht zwei Sekunden hörten und sahen wir nichts. Totenstille und dann laute Schreie: »Zugriff, Zugriff!«

Seit Stunden hatten sie nur darauf gewartet, die Männer von Trupp eins. Jetzt sprangen sie aus ihrer Deckung hinter der Ecke hervor, stürmten in die Toilette, und noch bevor wir draußen zum Nachdenken kamen, hörten wir die befreiende Vollzugsmeldung: »Täter festgenommen, Geisel befreit!«

Erleichtert rannte ich von meinem Beobachtungsposten neben einem Präzisionsschützen die Treppenstufen hinunter und beglückwünschte meine Leute. Der inzwischen herbeigeeilte Einsatzleiter klopfte ihnen ebenfalls anerkennend auf die Schulter und bedankte sich bei mir mit Handschlag. Jetzt endlich löste sich die Anspannung. Niemand war zu Schaden gekommen, Grund zu ungetrübter Freude also.

Was sich in der Toilette genau zugetragen hatte, berichtete uns der Sanitäter. Während er scheinbar bloß Claudias Blutdruck messen wollte, stürzte er sich unvermittelt auf Ronny, drückte die Hand mit der Pistole weg, um die Gefährdung für das Mädchen und sich selbst zu minimieren, alarmierte gleichzeitig mit einem Schrei die Zugriffskräfte. Zum Glück unternahm der junge Geiselnehmer keinen Versuch zu schießen, ließ sich die geladene und gespannte Waffe widerstandslos aus der Hand schlagen. Er wurde nach seiner Festnahme der Kriminalpolizei übergeben.

Claudia, mit den Nerven völlig am Ende, weinte erst einmal bitterlich an der Schulter eines SEK-Mannes. Tage später erreichte uns ein bewegender Brief, in dem sie sich für ihre Befreiung bedankte. »Leute, ihr wisst ja gar nicht, wie froh ich bin, dass es euch gibt! Jungs, ich würde euch alle umarmen, wenn ich könnte!« Wir waren ebenso gerührt wie stolz.

Ja, dachte ich, sie hatten es wirklich gut gemacht, meine Leute.

KATZ UND MAUS AUF DER AUTOBAHN

Häufig sehnten wir nach längeren ruhigen Phasen einen Alarm regelrecht herbei. Schließlich übten wir für die Einsätze, schindeten uns mit hartem Training. Wir brauchten das wie ein Sportler den Wettkampf. Doch selbst beim SEK gab es Zeiten, wo wir anderes im Kopf hatten, als uns etwa mit einem Geiselnehmer eine wahnwitzige Verfolgungsfahrt auf der Autobahn zu liefern.

Vor so einer Situation standen wir irgendwann Ende der Neunzigerjahre. Es war Mitte Februar, und der Winter hielt Bayern noch fest im Griff. Einmal vom lästigen Schneeschippen daheim abgesehen, fand ich den weißen Segen großartig. Für die bald stattfindende Münchner Polizeimeisterschaft im Riesenslalom war das geradezu ein Geschenk des Himmels, und mir lag sehr viel daran, auch dieses Jahr wieder mit den besten Skifahrern des SEK Südbayern auf dem Siegertreppchen zu stehen. Und weil wir so ehrgeizig waren, bereiteten wir uns äußerst gründlich darauf vor, einschließlich eines dreitägigen Trainings vor dem Wettkampf. Wir hatten es sogar einmal in unserem Eifer so weit getrieben, dass wir unerlaubterweise am Abend vor dem Rennen mit eingeschalteten Stirnlampen den bereits gesteckten Parcours abfuhren. Zum Glück kam aber niemand dahinter, denn sonst wären wir disqualifiziert worden.

Ich saß also wieder einmal über den Vorbereitungen, stellte die Teams zusammen, legte Anfahrten und Trainingszeiten fest und würde auch die kommenden Tage alle Hände voll damit zu tun haben. Dachte ich zumindest, doch ein durchgeknallter Polizist machte mir einen Strich durch die Rechnung. Gegen eins in der Nacht wurde ich durch den schrillen Ton des Alarmierungsgeräts aus dem Tiefschlaf gerissen, griff verschlafen zum Telefonhörer. »Kollege aus einem der neuen Bundesländer erschoss erst Nebenbuhler, gab an der Raststätte Irschenberg Schüsse auf zwei Polizeibeamte ab und flüchtete mit Geisel Richtung Kufstein«, erfuhr ich stichwortartig. »Wahnsinn«, sagte ich nur, »bin gleich da!«

Auf der Dienststelle bekam ich die detaillierte sogenannte Ereignismeldung ausgehändigt, die der Personalcomputer des bayerischen Landeskriminalamts ausgespuckt hatte. Demnach war es am Vorabend zum Streit zwischen dem 35-jährigen Polizeihauptmeister und seiner über zehn Jahre älteren Exfreundin gekommen. Hintergrund: Der Mann hatte offenbar mit deren minderjähriger Tochter angebandelt. Die Auseinandersetzung eskalierte, Schüsse fielen. Ein 20-jähriger Freund des Mädchens, der schlichten wollte, starb. Unmittelbar danach flüchtete Uwe B. mit seinem blauen Mercedes 200 D über die Autobahn Berlin–Nürnberg in Richtung Bayern und rief während der Fahrt den Notruf 110 an. Er habe in der Wohnung seiner Exfreundin eine Bombe installiert, die er jederzeit zünden könne, teilte er mit. Niemand nahm das als leere

Drohung, denn der Mann arbeitete auf einer Dienststelle, die zuständig war für Sprengstoffdelikte.

Am späten Abend dann fuhr er auf die Salzburger Autobahn und legte am schneebedeckten Irschenberg eine kurze Pause ein. Inzwischen lief die Fahndung nach ihm bereits auf Hochtouren. Sämtliche Polizeidienststellen in Bayern und Österreich waren über seine Person und das Fluchtfahrzeug informiert, und so entdeckte eine Zivilstreife von der Fahndung bei einer routinemäßigen Kontrolle auf Autobahnrastplätzen den abgestellten Mercedes. Ausgerechnet in diesem Moment kam Uwe B. zurück, erkannte die gefährliche Situation, zog sofort seine Dienstwaffe und schoss viermal auf die beiden. Getroffen in Brust und Arm brach ein 45-jähriger Polizeihauptmeister schwer verletzt zusammen.

Der Schütze flüchtete in die Herrentoilette, griff sich dort einen harmlosen 26-jährigen Reisenden als Geisel und verlangte anschließend mit vorgehaltener Pistole von dem zweiten Zivilbeamten die Herausgabe des Dienstwagens. Anschließend zwang er den jungen Mann, sich hinter das Steuer des Audi A4 zu setzen und trotz schneeglatter Fahrbahn mit Volldampf loszubrausen und am Inntaldreieck Richtung Kufstein und Innsbruck abzubiegen. Kurz hinter der Grenze verlor sich die Spur zunächst einmal.

Jetzt waren wir gefragt. Mein Chef, der 20 Kilometer von München entfernt wohnte, gab telefonisch Order, ich solle mich vorerst nur mit der Hausbereitschaft und »schwachen Kräften« des MEK, die bei mobilen Geiselnahmen grundsätzlich einbezogen wurden, zum Grenzübergang Kiefersfelden begeben. Vierzehn SEK-Männer und zehn

Observanten waren es schließlich, mit denen ich bei miserablen Witterungsverhältnissen aufbrach. So ein Wetter konnten wir für unser Skirennen nicht gebrauchen, dachte ich noch, bevor mich die aktuellen Ereignisse voll und ganz in Anspruch nahmen. Als wir gegen drei unser Ziel erreichten, fehlte nach wie vor von Uwe B. jede Spur. Irgendwie schien es ihm gelungen zu sein, sich im an Tälern und Seitentälern reichen Tiroler Land zu verbergen. Wie sollten wir ihn da bloß aufstöbern?

Dann ein Lichtblick. Über das eingeschaltete Funkgerät des gekaperten Dienstfahrzeugs gelang es, einen ersten Kontakt zu dem Flüchtigen herzustellen. Weil unsere Verhandlungsspezialisten noch nicht einsatzbereit waren, übernahm eine junge Polizeiobermeisterin die Gesprächsführung. Die Hauptforderung von Uwe B. bestand darin, eine Verbindung zu seiner minderjährigen Geliebten zu bekommen.

Eine Stunde später war es mit der Ruhe vorbei. Eine Zivilstreife entdeckte den gesuchten Audi auf bayerischem Boden nahe der österreichischen Grenze, und wir mussten mit Vollgas dorthin. Der Einsatzleiter, ein äußerst fähiger und erfahrener Polizeidirektor, der später noch eine beachtliche Karriere hinlegte, stellte es uns überdies frei, bei günstiger Gelegenheit nach eigenem Ermessen zuzugreifen. Eine zweischneidige Angelegenheit. Es bedeutete zum einen, dass ich frei entscheiden konnte, zum anderen aber auch die volle Verantwortung trug. Auftragstaktik heißt das im Fachjargon.

Kurz darauf überstürzten sich die Ereignisse. Wir waren gerade aufgebrochen, als wir eine neue Mitteilung erhielten. Uwe B. hatte die Richtung geändert und erneut die Grenze passiert, befand sich wieder auf der Autobahn Richtung Innsbruck. Nichts wie umgedreht und hinter ihm her. Immer wieder behinderten uns starker Schneefall und glatte Straßen, da halfen auch Sondersignale nicht weiter.

Mir schwirrte zudem der Kopf: Über vier Funkgeräte und zwei Telefone, die in meinem Dienst-Mercedes installiert waren, musste ich Kontakt zu allen beteiligten Einheiten und Dienststellen halten. Die Drähte liefen heiß. Beinahe gleichzeitig kommunizierte ich mit meinen Leuten und dem Observationsteam vom MEK, die auf einem eigenen Kanal funkten. Informierte regelmäßig den Polizeiführer über eine Handystandleitung und meine Dienststelle sowie nachrückende Einsatzkräfte über eine zweite. Und via Sonderkanal verfolgte ich die Gespräche zwischen der Verhandlungsführerin und Uwe B. Mein Fahrer Willi schüttelte nur noch den Kopf. »Wie schaffst du das?«, meinte er, während er mit hoher Geschwindigkeit über die Autobahn bretterte.

Ausgerechnet in der heißesten Phase erreichte mich über Handy mein Chef. Er war zu Hause geblieben in der irrigen Annahme, die Geschichte werde ein Fall für die österreichischen Kollegen. Jetzt war es ohnehin zu spät, und so ließ er den Einsatz in meiner Verantwortung. Und weil keine Zeit für lange Gespräche war, würgte ich das Telefonat schnell ab. Zu viele Informationen, Lageänderungen und Aufträge prasselten auf mich ein. Der Versuch, mit den Spezialeinheiten der österreichischen Polizei Verbindung aufzunehmen, scheiterte an der nicht ausreichenden Funkfrequenz.

Wir bewegten uns noch auf bayerischem Boden, als Uwe B. meldete, dass er tanken müsse, und uns zugleich warnte, seinem Wagen zu nahe zu kommen. Wir hielten uns daran, denn der Mann hatte seine Entschlossenheit mehrfach unter Beweis gestellt. Damit nicht genug verlangte er außerdem einen Korb mit Essen und Getränken, der an der Raststätte Irschenberg abgestellt werden sollte. Wie bitte? Irschenberg? Fuhr der doch glatt wieder in nördlicher Richtung, weg von Kufstein und den österreichischen Kollegen, ohne dass irgendjemand, auch das MEK nicht, es bemerkt hätte.

Bei diesem Katz-und-Maus-Spiel befanden wir uns ständig im Hintertreffen, weil wir seinen Vorsprung nie aufholen konnten. Inzwischen hatte er getankt, ohne zu bezahlen, und fuhr weiter, runter von der Autobahn. Weg war er, erneut wie vom Erdboden verschwunden. Jetzt konnten wir nur darauf hoffen, dass er zurückkehrte, um seinen Fresskorb abzuholen. Zwei meiner Teams würden das Areal im Auge behalten. Als Tankwarte, Kioskverkäufer oder als Reisende herumlaufen und auf den Geiselnehmer warten.

Unsere Rechnung schien aufzugehen, denn schon meldete das MEK, dass sich der A4 wieder auf der Autobahn in Richtung München kurz vorm Irschenberg befinde. Offensichtlich war er auf der Landstraße ein Stück zurückgefahren, um dann erneut die Raststätte anzusteuern. Würde es jetzt vielleicht gelingen, seine Flucht zu beenden und die Geisel zu befreien? Ohne Blutvergießen?

Sobald ich den Rastplatz erreichte, beobachtete ich aus sicherer Distanz das Geschehen und informierte über Standleitung den Einsatzleiter, der mir viel Glück wünschte. Schon meldete das MEK den Fluchtwagen. Doch er fuhr nicht auf den Parkplatz, sondern bremste kurz dahinter auf dem Seitenstreifen der Autobahnzufahrt und setzte zurück. Die Beifahrertür öffnete sich einen Spalt, Uwe B. packte den Korb, der Audi beschleunigte wieder und verschwand im Schneetreiben. Mist, dachte ich, so war das also, wenn Polizisten zu Tätern wurden.

Was jetzt? Immerhin hatten sich MEK- und SEK-Kräfte in sicherem Abstand an die Fersen des Flüchtenden gehängt und würden ihn hoffentlich nicht ein weiteres Mal verlieren. Blieb nur die Frage, wo sich eine Gelegenheit für einen Zugriff bot. Ein Stau war als optimale Voraussetzung angedacht, der allerdings zu dieser frühen Stunde provoziert oder simuliert werden musste. Eine Baustelle in Richtung München schien ideal für dieses Vorhaben: Verkehrspolizisten standen bereits an der Engstelle und forderten durch Handzeichen zur Reduzierung der Geschwindigkeit auf. Leider durchschaute der Gangsterpolizist die Finte und zwang den Kollegen am Straßenrand mit der Waffe, ihn weiterfahren zu lassen. Außerdem nahm er die Falle zum Anlass, bei der nächsten Ausfahrt erneut die Richtung zu ändern. Wir wieder hinterher und jetzt entkam er uns nicht mehr. Wir verfolgten ihn auch, als er Richtung Kufstein abbog und die Grenze passierte. Trotz genereller Geschwindigkeitsbegrenzung im Nachbarland ging es teilweise mit 200 Sachen über die Autobahn. Weniger routinierte Fahrer hätten das nicht gepackt.

Plötzlich hielt das Fluchtfahrzeug auf der Standspur an. Uwe B. ahnte wohl, dass er verfolgt wurde, und wollte uns auflaufen lassen. Den ersten Wagen blieb tatsächlich keine andere Wahl, als unauffällig an ihm vorbeizufahren, aber mein Fahrer durchschaute das Manöver und bremste rechtzeitig ab, um in gebührendem Abstand auf dem Standstreifen stehen zu bleiben. In diesem Moment kam zu allem Überfluss eine Streife der Österreicher heran, stoppte rund 200 Meter hinter dem Audi. Hoffentlich stiegen die nicht arglos aus, dachte ich. Zum Glück taten sie es nicht, sondern fuhren weiter. Später erfuhren wir, dass im Nachbarland alle Einheiten auf den Straßen vor dem Geiselnehmer gewarnt worden waren.

Auch Uwe B. setzte seine Fahrt fort, die immer mehr zum Horrortrip geriet, vor allem für die Geisel. Wie der junge Mann das alles aushielt, war einfach bewundernswert. Wieder einmal konnte sich der Fluchtwagen für kurze Zeit von seinen Verfolgern absetzen, bis wir ihn gegen sieben an der Grenze erneut aufspürten. Diesmal war er in Richtung Inntaldreieck unterwegs. Ich hörte die Gespräche zwischen Uwe B. und der Polizistin mit. Einfühlsam und sehr geschickt bemühte sich die junge Frau, den Geiselnehmer zur Aufgabe zu überreden. Der Mann forderte jetzt mit Nachdruck ein Handy, das exakt an der gleichen Stelle beim Rastplatz Irschenberg deponiert werden sollte wie zuvor der Korb mit den Lebensmitteln. Wir konnten später nur hilflos zuschauen, wie er sich das in eine Plastiktüte gepackte Mobiltelefon schnappte. Um einen Zugriff nur halbwegs vorzubereiten, fehlte die Zeit.

Der Verrückte schien Gefallen an diesem Spiel zu finden, denn nun ging es zum wiederholten Mal in Richtung Österreich. »Hört das eigentlich nie auf«, sagte ich zu Willi, der nicht weniger genervt als ich hinter dem Steuer saß. Nein, offenbar nicht, denn Uwe B. verließ erneut die Autobahn, fuhr weiter auf der Landstraße dem Nachbarland entgegen, und wir sahen bereits alle Chancen für einen Zugriff auf bayerischem Boden davonschwimmen.

Dann aber steuerte er einen Parkplatz an. Jetzt oder nie, dachte ich, doch ein Zugriff erübrigte sich. Uwe B. gab auf, nachdem er noch einmal mit seiner jungen Freundin telefoniert hatte. Wir konnten es nicht glauben. Seine einzige Bedingung: Er wollte selbst mit seiner Geisel zur nächsten Polizeistation fahren und nicht auf offener Straße festgenommen werden. Eine Irrfahrt über 600 Kilometer im Zickzack über die Autobahn war zu Ende. Wir atmeten kräftig durch und reichten uns erleichtert die Hände. Über Funk gratulierte ich der jungen Polizistin, die am glücklichen Ausgang der Geiselnahme wesentlichen Anteil hatte. Alle wirkten zufrieden und entspannt. Nur einer nicht. Zurück auf der Dienststelle kam mir mein Chef mit griesgrämigem Gesicht entgegen. »Gut gemacht! Trotzdem hättest du das Telefongespräch mit mir nicht unbedingt so abrupt beenden müssen.«

Übrigens: Unseren Vorbereitungen auf die Polizeimeisterschaft im Riesenslalom hat die nächtliche Verfolgungsjagd nicht geschadet: In der Mannschaftswertung standen wir wieder ganz oben auf dem Treppchen.